Ivan Koesjnir

Economie van Centraal-Amerika

Serie "Economie in landen"

eerst gepubliceerd: 2021
laatst bijgewerkt: 2021-02-02

Ivan Koesjnir. Economie van Centraal-Amerika. Serie "Economie in landen". - 2021. - 71 pages.

Dit boek over de economie van Centraal-Amerika van de jaren 1970 tot de jaren 2010. Brongegevens uit UN Data.

Grootte. In de jaren 2010 was het bruto binnenlands product van Centraal-Amerika gelijk aan US$1,4 biljoen per jaar; de waarde van de landbouw was US$54,7 miljard; de waarde van de industrie was US$322,2 miljard.

Productiviteit. In de jaren 2010 bedroeg het bruto binnenlands product per hoofd van de bevolking $8.408,4, de waarde van de landbouw per hoofd $325,9, de waarde van de industrie per hoofd $1.921,1. Omdat de productiviteit tussen het gemiddelde van onder het gemiddelde en het gemiddelde ligt, wordt de economie geclassificeerd als in ontwikkeling.

Groei. In de jaren 2010 bedroeg de groei van het bruto binnenlands product 2,9%; de groei van de landbouw was 2,4%; de groei van de industrie was 1,7%.

Structuur. In de jaren 2010 omvatte de economie van Centraal-Amerika: diensten (34,5%), industrie (24,0%), handel (20,8%), transport (8,7%), bouw (7,9%) en landbouw (4,1%).

Uitvoer en invoer. In de jaren 2010 was de invoer 7,4% hoger dan de uitvoer, de netto-invoer was gelijk aan 2,6% van het BBP.

Consumptie en reproductie. De houding van reproductie ten opzichte van de consumptie is niet beter dan het mondiale gemiddelde, dus het aandeel van het BBP in de wereld zal niet toenemen.

Serie "Economie in landen": parallel.page.link/nl

ISBN: 9798701847383

Inhoud

Part I. Grootte

	de jaren 2010
BBP	US$1,4 biljoen
Het aandeel in de wereld	1,8%
Het aandeel in Amerika	5,5%

Hoofdstuk I. Bruto binnenlands product

Het BBP van Centraal-Amerika steeg van US$107,0 miljard per jaar in de jaren 1970 tot US$1,4 biljoen per jaar in de jaren 2010, dat wil zeggen met US$1,3 biljoen of 13,2 keer. De verandering vond plaats op US$1,1 biljoen als gevolg van een 4,0-voudige stijging van de prijzen, en ook op US$122,6 miljard als gevolg van een 1,5-voudige toename van de productiviteit , evenals op US$120,0 miljard als gevolg van de toename van de bevolking. De gemiddelde jaarlijkse groei van het bruto binnenlands product is 3,2%. De minimumwaarde van het BBP bedroeg US$51,6 miljard in 1970. De maximumwaarde van het BBP bedroeg US$1,5 biljoen in 2014.

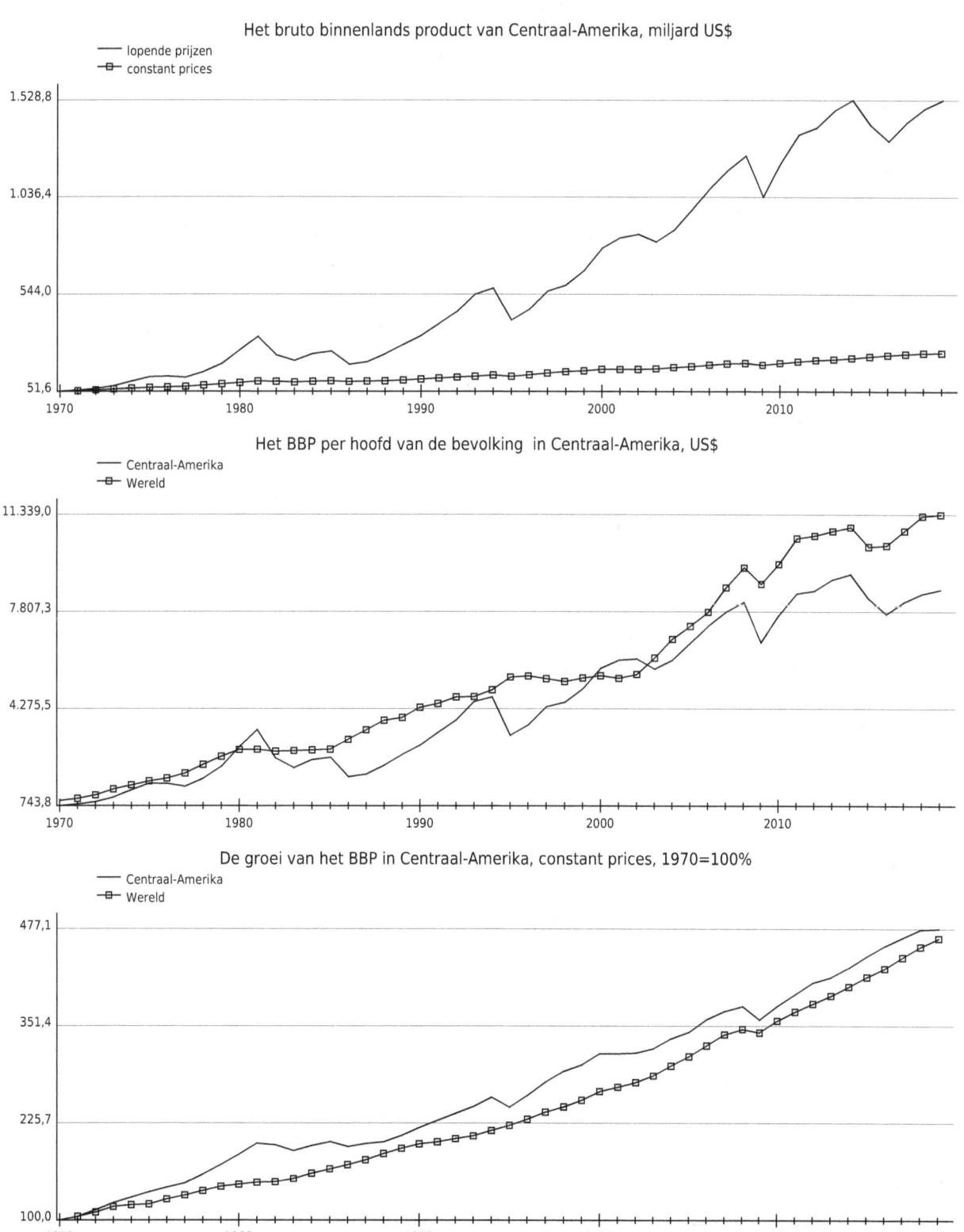

Het bruto binnenlands product van Centraal-Amerika, miljard US$

Het BBP per hoofd van de bevolking in Centraal-Amerika, US$

De groei van het BBP in Centraal-Amerika, constant prices, 1970=100%

de jaren 1970

Het bruto binnenlands product van Centraal-Amerika bedroeg in de jaren 1970 US$107,0 miljard per jaar, en was vergelijkbaar met Spanje (US$106,4 miljard). Het aandeel in de wereld was 1,6%, en 4,7% in Amerika.

Het BBP van Centraal-Amerika bestond uit: huishoudelijke uitgaven (70,6%), kapitaalvorming (24,9%) en overheidsuitgaven (8,5%).

Het bruto binnenlands product per hoofd in Centraal-Amerika was $1.353,3 in de jaren 1970s, en was vergelijkbaar met Libanon (US$1.346,6), Chili (US$1.360,6), Bulgarije (US$1.321,9). Het bruto binnenlands product per hoofd in Centraal-Amerika was 16,5% lager dan het bruto binnenlands product per hoofd van de bevolking in de wereld ($1.620,8), en was in 3,0 keer lager dan het bruto binnenlands product per hoofd van de bevolking in Amerika ($1.620,8).

De groei van het BBP in Centraal-Amerika bedroeg 6.2% in de jaren 1970, en was vergelijkbaar met Costa Rica (6,2%), Joegoslavië (6,2%), Saint Lucia (6,3%). De groei van het BBP in Centraal-Amerika (6,2%) was groter dan de groei van het bruto binnenlands product in de wereld (4,1%), was groter dan de groei van het BBP in Amerika (4,1%).

Vergelijking met subregio's. Het bruto binnenlands product van Centraal-Amerika was groter dan in de Caraïben (US$33,4 miljard); maar minder dan in Noord-Amerika (US$1,9 biljoen) en in Zuid-Amerika (US$246,0 miljard). Het BBP per hoofd in Centraal-Amerika was in Centraal-Amerika groter dan in de Caraïben (US$1.258,7) en in Zuid-Amerika (US$1.154,7); maar minder dan in Noord-Amerika (US$7,8 duizend). De groei van het bruto binnenlands product in Centraal-Amerika was groter dan in Zuid-Amerika (5,8%), in de Caraïben (4,6%) en in Noord-Amerika (3,6%).

Leiders. Het BBP van Centraal-Amerika in de jaren 1970 bestond uit: Mexico (88,4%), Guatemala (3,1%), Costa Rica (2,6%), Nicaragua (2,0%), Panama (1,9%), en andere (2,1%). Het BBP per hoofd in Centraal-Amerika onder de leiders: Mexico ($1.608,5), Costa Rica ($1.316,9), Panama ($1.176,1), Nicaragua ($764,6) en Guatemala ($527,2). De groei van het bruto binnenlands product onder de leiders: Mexico (6,4%), Costa Rica (6,2%), Guatemala (5,9%), Panama (4,5%) en Nicaragua (-0,014%).

de jaren 1980

Het BBP van Centraal-Amerika bedroeg in de jaren 1980 US$244,6 miljard per jaar, en was vergelijkbaar met Australazië (US$247,8 miljard), India (US$241,0 miljard). Het aandeel in de wereld was 1,6%, en 4,5% in Amerika.

Het bruto binnenlands product van Centraal-Amerika bestond uit: huishoudelijke uitgaven (65,2%), kapitaalvorming (24,3%), overheidsuitgaven (8,9%) en netto-uitvoer (1,9%).

Het bruto binnenlands product per hoofd in Centraal-Amerika was $2.418,3 in de jaren 1980s, en was vergelijkbaar met Algerije (US$2,4 duizend), Zuidelijk Afrika (US$2,4 duizend), de Caraïben (US$2,4 duizend). Het bruto binnenlands product per hoofd in Centraal-Amerika was 22,6% lager dan het bruto binnenlands product per hoofd van de bevolking in de wereld ($3.123,4), en was in 3,4 keer lager dan het bruto binnenlands product per hoofd van de bevolking in Amerika ($3.123,4).

De groei van het bruto binnenlands product in Centraal-Amerika bedroeg 2% in de jaren 1980, en was vergelijkbaar met Oostenrijk (2,0%), Malawi (2,0%). De groei van het BBP in Centraal-Amerika (2,0%) was minder dan de groei van het BBP in de wereld (3,0%), was minder dan de groei van het bruto binnenlands product in Amerika (2,8%).

Vergelijking met subregio's. Het bruto binnenlands product van Centraal-Amerika was groter dan in de Caraïben (US$73,3 miljard); maar minder dan in Noord-Amerika (US$4,6 biljoen) en in Zuid-Amerika (US$531,7 miljard). Het BBP per hoofd in Centraal-Amerika was in Centraal-Amerika groter dan in de Caraïben (US$2,4 duizend) en in Zuid-Amerika (US$2,0 duizend); maar minder dan in Noord-Amerika (US$17,2 duizend). De groei van het bruto binnenlands product in Centraal-Amerika was groter dan in Zuid-Amerika (1,7%); maar minder dan in Noord-Amerika (3,1%) en in de Caraïben (3,0%).

Leiders. Het bruto binnenlands product van Centraal-Amerika in de jaren 1980 bestond uit: Mexico (88,5%), Guatemala (3,1%), Panama (2,2%), Costa Rica (2,1%), Honduras (1,8%), en andere (2,4%). Het bruto binnenlands product per hoofd in Centraal-Amerika onder de leiders: Mexico ($2.881,3), Panama ($2.455,5), Costa Rica ($1.859,7), Honduras ($1.017,7) en Guatemala ($933,0). De groei van het bruto binnenlands product onder de leiders: Panama (3,1%), Honduras (2,5%), Costa Rica (2,1%), Mexico (2,1%) en Guatemala (0,94%).

de jaren 1990

Het BBP van Centraal-Amerika bedroeg in de jaren 1990 US$499,4 miljard per jaar. Het aandeel in de wereld was 1,7%, en 5,0% in

Amerika.

Het BBP van Centraal-Amerika bestond uit: huishoudelijke uitgaven (69,8%), kapitaalvorming (23,0%) en overheidsuitgaven (8,9%).

Het bruto binnenlands product per hoofd in Centraal-Amerika was $4.047,6 in de jaren 1990s, en was vergelijkbaar met Oost-Azië (US$4,0 duizend), Turkije (US$4,0 duizend), Zuidwest-Azië (US$4,0 duizend). Het bruto binnenlands product per hoofd in Centraal-Amerika was 19,4% lager dan het bruto binnenlands product per hoofd van de bevolking in de wereld ($5.020,1), en was in 3,2 keer lager dan het bruto binnenlands product per hoofd van de bevolking in Amerika ($5.020,1).

De groei van het bruto binnenlands product in Centraal-Amerika bedroeg 3.7% in de jaren 1990, en was vergelijkbaar met Grenada (3,7%). De groei van het BBP in Centraal-Amerika (3,7%) was groter dan de groei van het bruto binnenlands product in de wereld (2,8%), was groter dan de groei van het BBP in Amerika (3,1%).

Vergelijking met subregio's. Het bruto binnenlands product van Centraal-Amerika was groter dan in de Caraïben (US$115,9 miljard); maar minder dan in Noord-Amerika (US$8,2 biljoen) en in Zuid-Amerika (US$1,2 biljoen). Het bruto binnenlands product per hoofd in Centraal-Amerika was in Centraal-Amerika groter dan in Zuid-Amerika (US$3,8 duizend) en in de Caraïben (US$3,3 duizend); maar minder dan in Noord-Amerika (US$27,9 duizend). De groei van het BBP in Centraal-Amerika was groter dan in Noord-Amerika (3,1%), in Zuid-Amerika (2,5%) en in de Caraïben (2,3%).

Leiders. Het bruto binnenlands product van Centraal-Amerika in de jaren 1990 bestond uit: Mexico (90,1%), Guatemala (2,4%), Costa Rica (2,1%), Panama (1,8%), El Salvador (1,6%), en andere (1,9%). Het BBP per hoofd in Centraal-Amerika onder de leiders: Mexico ($4.955,4), Panama ($3.305,2), Costa Rica ($3.038,3), El Salvador ($1.455,6) en Guatemala ($1.173,6). De groei van het BBP onder de leiders: Panama (5,6%), Costa Rica (4,8%), El Salvador (4,7%), Guatemala (4,1%) en Mexico (3,6%).

de jaren 2000

Het BBP van Centraal-Amerika bedroeg in de jaren 2000 US$963,8 miljard per jaar, en was vergelijkbaar met Brazilië (US$971,3 miljard). Het aandeel in de wereld was 2,1%, en 5,8% in Amerika.

Het bruto binnenlands product van Centraal-Amerika bestond uit: huishoudelijke uitgaven (69,1%), kapitaalvorming (22,4%) en overheidsuitgaven (10,8%).

Het BBP per hoofd in Centraal-Amerika was $6.644,6 in de jaren 2000s, en was vergelijkbaar met Venezuela (US$6,6 duizend), Gabon (US$6,5 duizend). Het bruto binnenlands product per hoofd in Centraal-Amerika was 7,4% lager dan het bruto binnenlands product per hoofd van de bevolking in de wereld ($7.176,3), en was in 2,9 keer lager dan het bruto binnenlands product per hoofd van de bevolking in Amerika ($7.176,3).

De groei van het BBP in Centraal-Amerika bedroeg 1.8% in de jaren 2000, en was vergelijkbaar met België (1,8%). De groei van het BBP in Centraal-Amerika (1,8%) was minder dan de groei van het BBP in de wereld (3,0%), was minder dan de groei van het bruto binnenlands product in Amerika (2,1%).

Vergelijking met subregio's. Het BBP van Centraal-Amerika was groter dan in de Caraïben (US$218,5 miljard); maar minder dan in Noord-Amerika (US$13,7 biljoen) en in Zuid-Amerika (US$1,8 biljoen). Het BBP per hoofd in Centraal-Amerika was in Centraal-Amerika groter dan in de Caraïben (US$5,7 duizend) en in Zuid-Amerika (US$5,0 duizend); maar minder dan in Noord-Amerika (US$42,0 duizend). De groei van het bruto binnenlands product in Centraal-Amerika was minder dan in Zuid-Amerika (3,3%), in de Caraïben (2,6%) en in Noord-Amerika (1,9%).

Leiders. Het BBP van Centraal-Amerika in de jaren 2000 bestond uit: Mexico (89,9%), Guatemala (2,8%), Costa Rica (2,2%), Panama (1,8%), El Salvador (1,5%), en andere (1,8%). Het bruto binnenlands product per hoofd in Centraal-Amerika onder de leiders: Mexico ($8.216,3), Panama ($5.164,3), Costa Rica ($5.024,2), El Salvador ($2.437,0) en Guatemala ($2.057,9). De groei van het bruto binnenlands product onder de leiders: Panama (5,6%), Costa Rica (4,2%), Guatemala (3,4%), El Salvador (2,0%) en Mexico (1,4%).

de jaren 2010

Het BBP van Centraal-Amerika bedroeg in de jaren 2010 US$1,4 biljoen per jaar, en was vergelijkbaar met Australië (US$1,4 biljoen). Het aandeel in de wereld was 1,8%, en 5,5% in Amerika.

Het bruto binnenlands product van Centraal-Amerika bestond uit: huishoudelijke uitgaven (66,3%), kapitaalvorming (23,0%) en overheidsuitgaven (12,2%).

Het bruto binnenlands product per hoofd in Centraal-Amerika was $8.408,4 in de jaren 2010s, en was vergelijkbaar met Gabon (US$8,5 duizend), de Caraïben (US$8,2 duizend). Het BBP per hoofd in Centraal-Amerika was 20,7% lager dan het bruto binnenlands product per hoofd van de bevolking in de wereld ($10.603,1), en was in 3,1 keer lager dan het bruto binnenlands product per hoofd van de bevolking in Amerika ($10.603,1).

De groei van het BBP in Centraal-Amerika bedroeg 2.9% in de jaren 2010, en was vergelijkbaar met Montenegro (2,9%), Afrika (2,9%), Nieuw-Zeeland (2,9%). De groei van het bruto binnenlands product in Centraal-Amerika (2,9%) was minder dan de groei van het BBP in de wereld (3,1%), was groter dan de groei van het BBP in Amerika (2,2%).

Vergelijking met subregio's. Het bruto binnenlands product van Centraal-Amerika was 4,1 keer groter dan in de Caraïben (US$341,0 miljard); maar 14,0 keer minder dan in Noord-Amerika (US$19,7 biljoen) en 2,9 keer minder dan in Zuid-Amerika (US$4,0 biljoen). Het bruto binnenlands product per hoofd in Centraal-Amerika was in Centraal-Amerika2,2% groter dan in de Caraïben (US$8,2 duizend); maar 6,6 keer minder dan in Noord-Amerika (US$55,4 duizend) en 14,5% minder dan in Zuid-Amerika (US$9,8 duizend). De groei van het bruto binnenlands product in Centraal-Amerika was groter dan in Noord-Amerika (2,3%), in de Caraïben (1,5%) en in Zuid-Amerika (1,2%).

Leiders. Het bruto binnenlands product van Centraal-Amerika in de jaren 2010 bestond uit: Mexico (84,5%), Guatemala (4,2%), Costa Rica (3,7%), Panama (3,6%), El Salvador (1,6%), en andere (2,4%). Het BBP per hoofd in Centraal-Amerika onder de leiders: Panama ($12.845,3), Costa Rica ($10.773,6), Mexico ($9.844,6), Guatemala ($3.713,6) en El Salvador ($3.650,1). De groei van het BBP onder de leiders: Panama (6,2%), Costa Rica (3,6%), Guatemala (3,5%), Mexico (2,7%) en El Salvador (2,1%).

Hoofdstuk II. Toegevoegde waarde

De toegevoegde waarde van Centraal-Amerika steeg van US$112,1 miljard per jaar in de jaren 1970 tot US$1,3 biljoen per jaar in de jaren 2010, dat wil zeggen met US$1,2 biljoen of 12,0 keer. De verandering vond plaats op US$973,0 miljard als gevolg van een 3,6-voudige stijging van de prijzen, en ook op US$129,6 miljard als gevolg van een 1,5-voudige toename van de productiviteit , evenals op US$125,7 miljard als gevolg van de toename van de bevolking. De gemiddelde jaarlijkse groei van de toegevoegde waarde is 3,2%. De minimumwaarde van de toegevoegde waarde bedroeg US$55,1 miljard in 1970. De maximumwaarde van de toegevoegde waarde bedroeg US$1,5 biljoen in 2019.

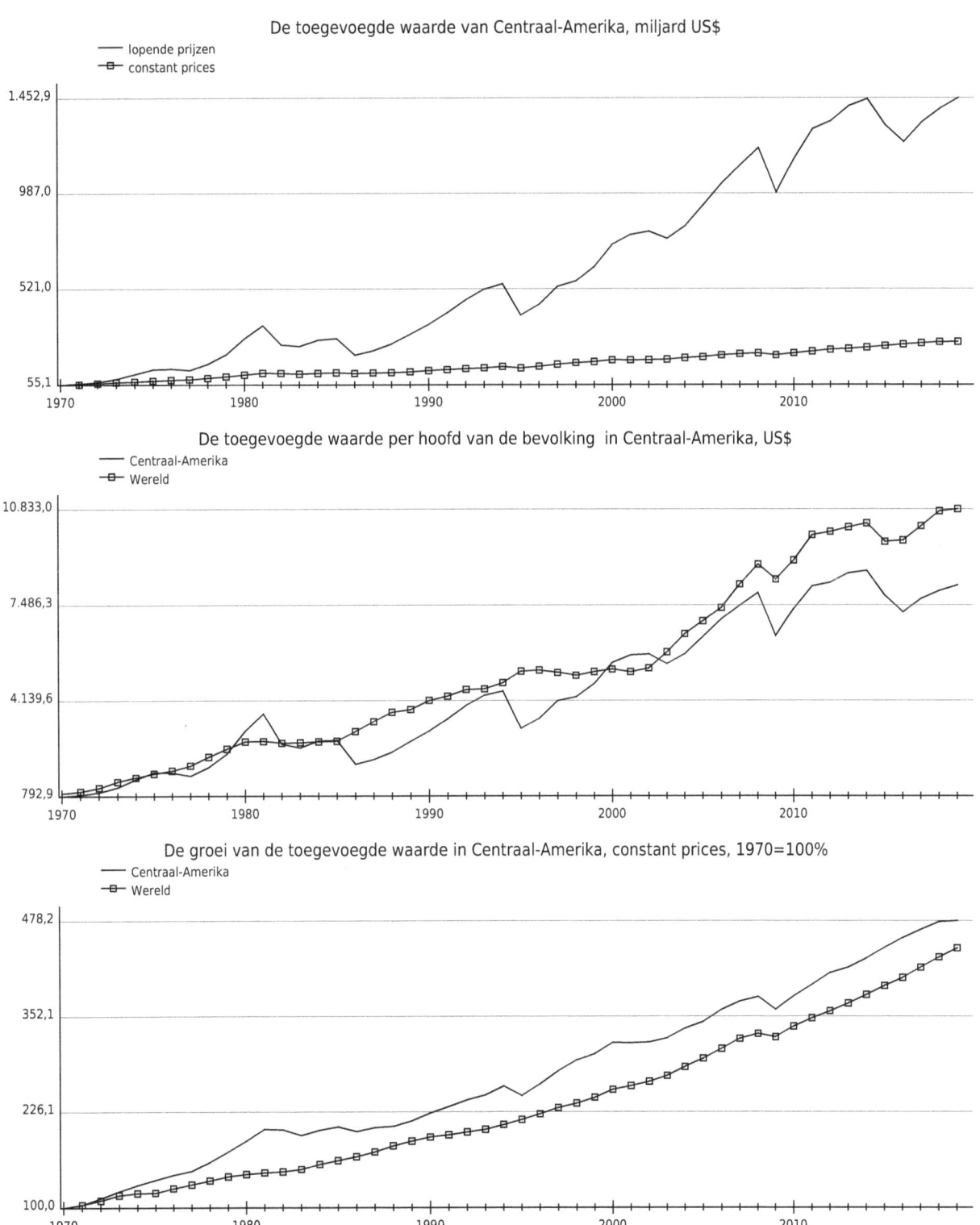

De toegevoegde waarde van Centraal-Amerika, miljard US$

De toegevoegde waarde per hoofd van de bevolking in Centraal-Amerika, US$

De groei van de toegevoegde waarde in Centraal-Amerika, constant prices, 1970=100%

de jaren 1970

De toegevoegde waarde van Centraal-Amerika bedroeg in de jaren 1970 US$112,1 miljard per jaar. Het aandeel in de wereld was 1,8%, en 5,0% in Amerika.

De totale toegevoegde waarde van Centraal-Amerika bestond uit: diensten (26,1%), industrie (25,9%), handel (24,3%), landbouw (9,9%), bouw (8,0%) en vervoer (5,8%).

De toegevoegde waarde per hoofd in Centraal-Amerika was $1.417,5 in de jaren 1970s, en was vergelijkbaar met Cuba (US$1.417,2), de Britse Maagdeneilanden (US$1.423,3), Nigeria (US$1.411,1). De toegevoegde waarde per hoofd in Centraal-Amerika was 9,4% lager dan de toegevoegde waarde per hoofd van de bevolking in de wereld ($1.564,4), en was in 2,8 keer lager dan de toegevoegde waarde per hoofd van de bevolking in Amerika ($1.564,4).

De groei van de toegevoegde waarde in Centraal-Amerika bedroeg 6.3% in de jaren 1970, en was vergelijkbaar met Guatemala (6,2%), Luxemburg (6,3%). De groei van de toegevoegde waarde in Centraal-Amerika (6,3%) was groter dan de groei van de toegevoegde waarde in de wereld (3,9%), was groter dan de groei van de toegevoegde waarde in Amerika (3,5%).

Vergelijking met subregio's. De toegevoegde waarde van Centraal-Amerika was groter dan in de Caraïben (US$34,1 miljard); maar minder dan in Noord-Amerika (US$1,9 biljoen) en in Zuid-Amerika (US$233,5 miljard). De toegevoegde waarde per hoofd in Centraal-Amerika was in Centraal-Amerika groter dan in de Caraïben (US$1.288,7) en in Zuid-Amerika (US$1.095,7); maar minder dan in Noord-Amerika (US$7,7 duizend). De groei van de toegevoegde waarde in Centraal-Amerika was groter dan in Zuid-Amerika (6,0%), in de Caraïben (4,5%) en in Noord-Amerika (3,0%).

Leiders. De toegevoegde waarde van Centraal-Amerika in de jaren 1970 bestond uit: Mexico (88,4%), Guatemala (2,7%), Costa Rica (2,2%), Panama (1,9%), Nicaragua (1,9%), en andere (2,9%). De toegevoegde waarde per hoofd in Centraal-Amerika onder de leiders: Mexico ($1.685,8), Panama ($1.249,6), Costa Rica ($1.196,0), Nicaragua ($754,4) en Guatemala ($481,3). De groei van de toegevoegde waarde onder de leiders: Mexico (6,5%), Guatemala (6,2%), Costa Rica (6,2%), Panama (5,5%) en Nicaragua (-1,6%).

de jaren 1980

De toegevoegde waarde van Centraal-Amerika bedroeg in de jaren 1980 US$264,1 miljard per jaar. Het aandeel in de wereld was 1,8%, en 4,9% in Amerika.

De totale toegevoegde waarde van Centraal-Amerika bestond uit: industrie (34,2%), diensten (22,7%), handel (22,0%), landbouw (7,6%), constructie (6,8%) en transport (6,7%).

De toegevoegde waarde per hoofd in Centraal-Amerika was $2.610,7 in de jaren 1980s, en was vergelijkbaar met Panama (US$2,6 duizend). De toegevoegde waarde per hoofd in Centraal-Amerika was 13,8% lager dan de toegevoegde waarde per hoofd van de bevolking in de wereld ($3.029,9), en was in 3,1 keer lager dan de toegevoegde waarde per hoofd van de bevolking in Amerika ($3.029,9).

De groei van de toegevoegde waarde in Centraal-Amerika bedroeg 2.1% in de jaren 1980, en was vergelijkbaar met Frankrijk (2,2%). De groei van de toegevoegde waarde in Centraal-Amerika (2,1%) was minder dan de groei van de toegevoegde waarde in de wereld (2,9%), was minder dan de groei van de toegevoegde waarde in Amerika (2,7%).

Vergelijking met subregio's. De toegevoegde waarde van Centraal-Amerika was groter dan in de Caraïben (US$74,3 miljard); maar minder dan in Noord-Amerika (US$4,5 biljoen) en in Zuid-Amerika (US$526,2 miljard). De toegevoegde waarde per hoofd in Centraal-Amerika was in Centraal-Amerika groter dan in de Caraïben (US$2,4 duizend) en in Zuid-Amerika (US$1.984,8); maar minder dan in Noord-Amerika (US$17,1 duizend). De groei van de toegevoegde waarde in Centraal-Amerika was groter dan in Zuid-Amerika (1,9%); maar minder dan in de Caraïben (3,3%) en in Noord-Amerika (2,8%).

Leiders. De toegevoegde waarde van Centraal-Amerika in de jaren 1980 bestond uit: Mexico (89,1%), Guatemala (2,6%), Panama (2,1%), Costa Rica (1,7%), Honduras (1,6%), en andere (2,7%). De toegevoegde waarde per hoofd in Centraal-Amerika onder de leiders: Mexico ($3.133,8), Panama ($2.570,8), Costa Rica ($1.683,3), Honduras ($1.003,5) en Guatemala ($857,3). De groei van de toegevoegde waarde onder de leiders: Honduras (2,4%), Mexico (2,3%), Costa Rica (1,9%), Panama (1,2%) en Guatemala (0,62%).

de jaren 1990

De toegevoegde waarde van Centraal-Amerika bedroeg in de jaren 1990 US$484,3 miljard per jaar. Het aandeel in de wereld was 1,8%, en 4,9% in Amerika.

De totale toegevoegde waarde van Centraal-Amerika bestond uit: diensten (32,0%), industrie (27,9%), handel (19,8%), vervoer (7,8%), bouw (6,6%) en landbouw (5,9%).

De toegevoegde waarde per hoofd in Centraal-Amerika was $3.925,1 in de jaren 1990s, en was vergelijkbaar met Chili (US$3,9 duizend), Oost-Azië (US$4,0 duizend). De toegevoegde waarde per hoofd in Centraal-Amerika was 18,2% lager dan de toegevoegde waarde per hoofd van de bevolking in de wereld ($4.799,9), en was in 3,3 keer lager dan de toegevoegde waarde per hoofd van de bevolking in Amerika ($4.799,9).

De groei van de toegevoegde waarde in Centraal-Amerika bedroeg 3.5% in de jaren 1990, en was vergelijkbaar met Liechtenstein (3,5%), Ghana (3,5%), Antigua en Barbuda (3,5%). De groei van de toegevoegde waarde in Centraal-Amerika (3,5%) was groter dan de groei van de toegevoegde waarde in de wereld (2,7%), was groter dan de groei van de toegevoegde waarde in Amerika (2,8%).

Vergelijking met subregio's. De toegevoegde waarde van Centraal-Amerika was groter dan in de Caraïben (US$113,5 miljard); maar minder dan in Noord-Amerika (US$8,1 biljoen) en in Zuid-Amerika (US$1,1 biljoen). De toegevoegde waarde per hoofd in Centraal-Amerika was in Centraal-Amerika groter dan in Zuid-Amerika (US$3,5 duizend) en in de Caraïben (US$3,2 duizend); maar minder dan in Noord-Amerika (US$27,7 duizend). De groei van de toegevoegde waarde in Centraal-Amerika was groter dan in Noord-Amerika (2,8%), in Zuid-Amerika (2,5%) en in de Caraïben (2,2%).

Leiders. De toegevoegde waarde van Centraal-Amerika in de jaren 1990 bestond uit: Mexico (90,6%), Guatemala (2,3%), Costa Rica (2,0%), Panama (1,7%), El Salvador (1,5%), en andere (1,8%). De toegevoegde waarde per hoofd in Centraal-Amerika onder de leiders: Mexico ($4.830,7), Panama ($3.103,4), Costa Rica ($2.777,8), El Salvador ($1.345,4) en Guatemala ($1.083,5). De groei van de toegevoegde waarde onder de leiders: Panama (5,8%), El Salvador (4,6%), Costa Rica (4,3%), Guatemala (4,2%) en Mexico (3,4%).

de jaren 2000

De toegevoegde waarde van Centraal-Amerika bedroeg in de jaren 2000 US$920,8 miljard per jaar. Het aandeel in de wereld was 2,1%, en 5,6% in Amerika.

De totale toegevoegde waarde van Centraal-Amerika bestond uit: diensten (34,6%), industrie (26,0%), handel (19,0%), vervoer (8,6%), bouw (7,8%) en landbouw (4,0%).

De toegevoegde waarde per hoofd in Centraal-Amerika was $6.347,9 in de jaren 2000s, en was vergelijkbaar met Venezuela (US$6,3 duizend), Gabon (US$6,2 duizend). De toegevoegde waarde per hoofd in Centraal-Amerika was 6,9% lager dan de toegevoegde waarde per hoofd van de bevolking in de wereld ($6.818,0), en was in 2,9 keer lager dan de toegevoegde waarde per hoofd van de bevolking in Amerika ($6.818,0).

De groei van de toegevoegde waarde in Centraal-Amerika bedroeg 1.8% in de jaren 2000, en was vergelijkbaar met Zwitserland (1,8%), de Seychellen (1,8%). De groei van de toegevoegde waarde in Centraal-Amerika (1,8%) was minder dan de groei van de toegevoegde waarde in de wereld (2,9%), was minder dan de groei van de toegevoegde waarde in Amerika (1,9%).

Vergelijking met subregio's. De toegevoegde waarde van Centraal-Amerika was groter dan in de Caraïben (US$211,7 miljard); maar minder dan in Noord-Amerika (US$13,6 biljoen) en in Zuid-Amerika (US$1,6 biljoen). De toegevoegde waarde per hoofd in Centraal-Amerika was in Centraal-Amerika groter dan in de Caraïben (US$5,5 duizend) en in Zuid-Amerika (US$4,3 duizend); maar minder dan in Noord-Amerika (US$41,8 duizend). De groei van de toegevoegde waarde in Centraal-Amerika was groter dan in Noord-Amerika (1,7%); maar minder dan in Zuid-Amerika (3,1%) en in de Caraïben (2,6%).

Leiders. De toegevoegde waarde van Centraal-Amerika in de jaren 2000 bestond uit: Mexico (90,2%), Guatemala (2,7%), Costa Rica (2,1%), Panama (1,8%), El Salvador (1,5%), en andere (1,8%). De toegevoegde waarde per hoofd in Centraal-Amerika onder de leiders: Mexico ($7.874,4), Panama ($4.918,1), Costa Rica ($4.546,0), El Salvador ($2.235,6) en Guatemala ($1.917,0). De groei van de toegevoegde waarde onder de leiders: Panama (5,3%), Costa Rica (4,1%), Guatemala (3,4%), El Salvador (2,0%) en Mexico (1,4%).

de jaren 2010

De toegevoegde waarde van Centraal-Amerika bedroeg in de jaren 2010 US$1,3 biljoen per jaar, en was vergelijkbaar met Australië (US$1,3 biljoen), Zuid-Korea (US$1,3 biljoen). Het aandeel in de wereld was 1,8%, en 5,4% in Amerika.

De totale toegevoegde waarde van Centraal-Amerika bestond uit: diensten (34,5%), industrie (24,0%), handel (20,8%), transport

(8,7%), bouw (7,9%) en landbouw (4,1%).

De toegevoegde waarde per hoofd in Centraal-Amerika was $7.990,6 in de jaren 2010s, en was vergelijkbaar met Gabon (US$8,0 duizend), de Caraïben (US$7,9 duizend). De toegevoegde waarde per hoofd in Centraal-Amerika was 20,8% lager dan de toegevoegde waarde per hoofd van de bevolking in de wereld ($10.094,6), en was in 3,2 keer lager dan de toegevoegde waarde per hoofd van de bevolking in Amerika ($10.094,6).

De groei van de toegevoegde waarde in Centraal-Amerika bedroeg 2.9% in de jaren 2010, en was vergelijkbaar met Nieuw-Caledonië (2,9%), Hongkong (2,9%), Algerije (2,9%). De groei van de toegevoegde waarde in Centraal-Amerika (2,9%) was minder dan de groei van de toegevoegde waarde in de wereld (3,1%), was groter dan de groei van de toegevoegde waarde in Amerika (2,1%).

Vergelijking met subregio's. De toegevoegde waarde van Centraal-Amerika was 4,1 keer groter dan in de Caraïben (US$329,3 miljard); maar 14,6 keer minder dan in Noord-Amerika (US$19,6 biljoen) en 2,6 keer minder dan in Zuid-Amerika (US$3,5 biljoen). De toegevoegde waarde per hoofd in Centraal-Amerika was in Centraal-Amerika0,56% groter dan in de Caraïben (US$7,9 duizend); maar 6,9 keer minder dan in Noord-Amerika (US$55,1 duizend) en 7,1% minder dan in Zuid-Amerika (US$8,6 duizend). De groei van de toegevoegde waarde in Centraal-Amerika was groter dan in Noord-Amerika (2,2%), in de Caraïben (1,4%) en in Zuid-Amerika (1,3%).

Leiders. De toegevoegde waarde van Centraal-Amerika in de jaren 2010 bestond uit: Mexico (84,7%), Guatemala (4,2%), Panama (3,6%), Costa Rica (3,6%), El Salvador (1,6%), en andere (2,4%). De toegevoegde waarde per hoofd in Centraal-Amerika onder de leiders: Panama ($12.359,1), Costa Rica ($9.894,7), Mexico ($9.379,0), Guatemala ($3.491,0) en El Salvador ($3.322,4). De groei van de toegevoegde waarde onder de leiders: Panama (6,2%), Costa Rica (3,6%), Guatemala (3,5%), Mexico (2,6%) en El Salvador (1,9%).

Hoofdstuk III. Bruto nationaal inkomen

Het bruto nationaal inkomen van Centraal-Amerika steeg van US$105,1 miljard per jaar in de jaren 1970 tot US$1,4 biljoen per jaar in de jaren 2010, dat wil zeggen met US$1,3 biljoen of 13,1 keer. De verandering vond plaats op US$1,0 biljoen als gevolg van een 4,0-voudige stijging van de prijzen, en ook op US$117,0 miljard als gevolg van een 1,5-voudige toename van de productiviteit , evenals op US$117,8 miljard als gevolg van de toename van de bevolking. De gemiddelde jaarlijkse groei van het bruto nationaal inkomen is 3,2%. De minimumwaarde van het bruto nationaal inkomen bedroeg US$51,0 miljard in 1970. De maximumwaarde van het bruto nationaal inkomen bedroeg US$1,5 biljoen in 2014.

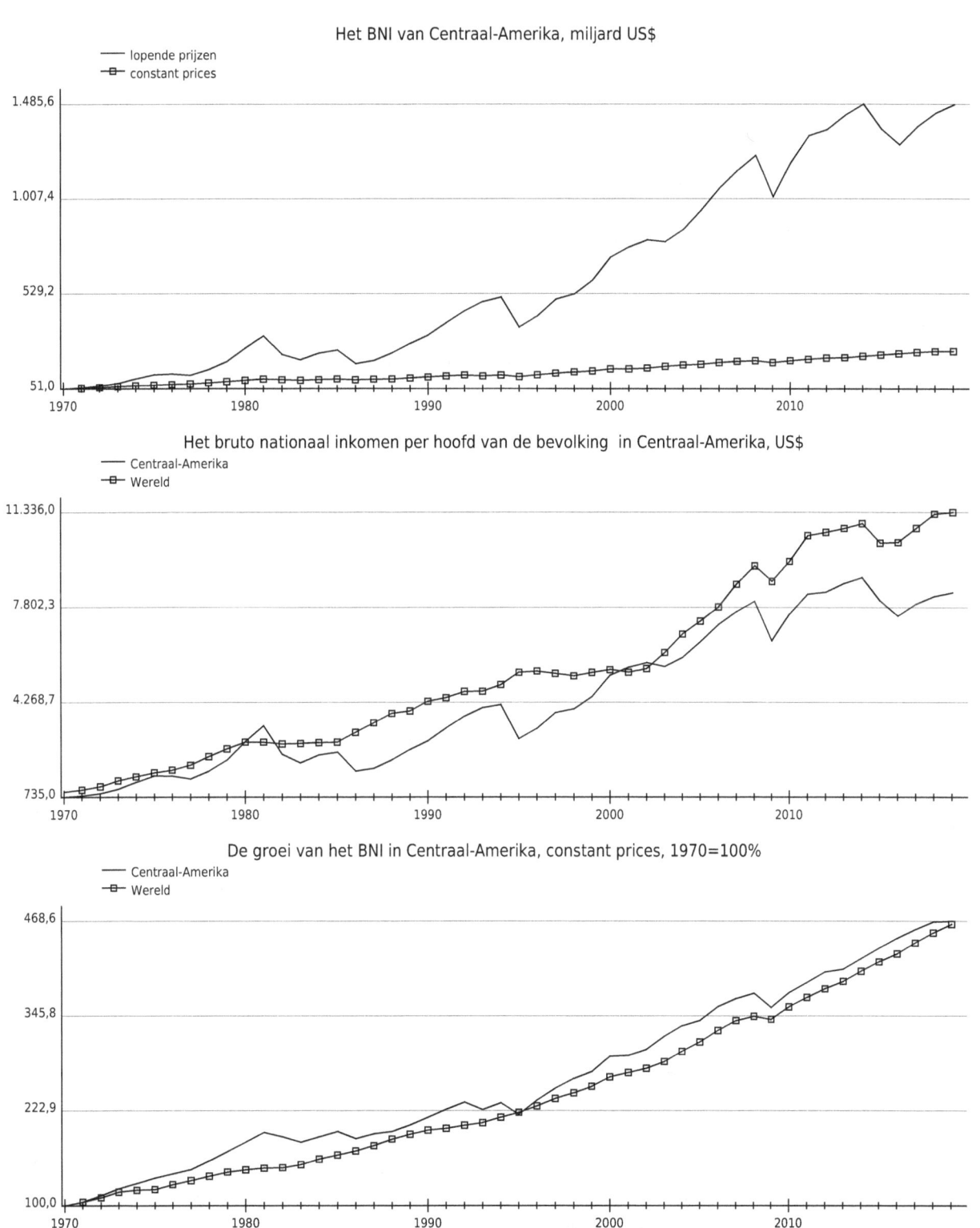

Het BNI van Centraal-Amerika, miljard US$

Het bruto nationaal inkomen per hoofd van de bevolking in Centraal-Amerika, US$

De groei van het BNI in Centraal-Amerika, constant prices, 1970=100%

de jaren 1970

Het BNI van Centraal-Amerika bedroeg in de jaren 1970 US$105,1 miljard per jaar, en was vergelijkbaar met Spanje (US$105,3 miljard). Het aandeel in de wereld was 1,6%, en 4,7% in Amerika.

Het bruto nationaal inkomen per hoofd in Centraal-Amerika was $1.328,8 in de jaren 1970s, en was vergelijkbaar met Zuid-Afrika (US$1.333,1), Chili (US$1.320,8), Jamaica (US$1.344,1). Het bruto nationaal inkomen per hoofd in Centraal-Amerika was 18,2% lager dan het bruto nationaal inkomen per hoofd van de bevolking in de wereld ($1.624,3), en was in 3,0 keer lager dan het bruto nationaal inkomen per hoofd van de bevolking in Amerika ($1.624,3).

De groei van het bruto nationaal inkomen in Centraal-Amerika bedroeg 6.1% in de jaren 1970, en was vergelijkbaar met Guatemala (6,1%). De groei van het bruto nationaal inkomen in Centraal-Amerika (6,1%) was groter dan de groei van het bruto nationaal inkomen in de wereld (4,1%), was groter dan de groei van het bruto nationaal inkomen in Amerika (4,0%).

Vergelijking met subregio's. Het BNI van Centraal-Amerika was groter dan in de Caraïben (US$31,0 miljard); maar minder dan in Noord-Amerika (US$1,9 biljoen) en in Zuid-Amerika (US$241,2 miljard). Het BNI per hoofd in Centraal-Amerika was in Centraal-Amerika groter dan in de Caraïben (US$1.169,0) en in Zuid-Amerika (US$1.132,3); maar minder dan in Noord-Amerika (US$7,8 duizend). De groei van het BNI in Centraal-Amerika was groter dan in de Caraïben (4,3%) en in Noord-Amerika (3,5%); maar minder dan in Zuid-Amerika (6,5%).

Leiders. Het bruto nationaal inkomen van Centraal-Amerika in de jaren 1970 bestond uit: Mexico (88,0%), Guatemala (3,2%), Costa Rica (2,5%), Nicaragua (1,8%), Panama (1,6%), en andere (2,9%). Het bruto nationaal inkomen per hoofd in Centraal-Amerika onder de leiders: Mexico ($1.573,4), Costa Rica ($1.287,6), Panama ($1.000,3), Nicaragua ($678,5) en Guatemala ($521,0). De groei van het bruto nationaal inkomen onder de leiders: Mexico (6,3%), Guatemala (6,1%), Costa Rica (5,9%), Panama (4,4%) en Nicaragua (-0,28%).

de jaren 1980

Het BNI van Centraal-Amerika bedroeg in de jaren 1980 US$234,6 miljard per jaar, en was vergelijkbaar met India (US$239,6 miljard). Het aandeel in de wereld was 1,6%, en 4,4% in Amerika.

Het BNI per hoofd in Centraal-Amerika was $2.318,9 in de jaren 1980s, en was vergelijkbaar met Iran (US$2,3 duizend), Algerije (US$2,3 duizend), Panama (US$2,3 duizend). Het bruto nationaal inkomen per hoofd in Centraal-Amerika was 25,6% lager dan het bruto nationaal inkomen per hoofd van de bevolking in de wereld ($3.117,1), en was in 3,5 keer lager dan het bruto nationaal inkomen per hoofd van de bevolking in Amerika ($3.117,1).

De groei van het BNI in Centraal-Amerika bedroeg 1.9% in de jaren 1980. De groei van het bruto nationaal inkomen in Centraal-Amerika (1,9%) was minder dan de groei van het bruto nationaal inkomen in de wereld (3,0%), was minder dan de groei van het bruto nationaal inkomen in Amerika (2,8%).

Vergelijking met subregio's. Het bruto nationaal inkomen van Centraal-Amerika was groter dan in de Caraïben (US$64,7 miljard); maar minder dan in Noord-Amerika (US$4,5 biljoen) en in Zuid-Amerika (US$508,2 miljard). Het bruto nationaal inkomen per hoofd in Centraal-Amerika was in Centraal-Amerika groter dan in de Caraïben (US$2,1 duizend) en in Zuid-Amerika (US$1.917,1); maar minder dan in Noord-Amerika (US$17,1 duizend). De groei van het bruto nationaal inkomen in Centraal-Amerika was groter dan in Zuid-Amerika (1,5%); maar minder dan in Noord-Amerika (3,0%) en in de Caraïben (2,5%).

Leiders. Het bruto nationaal inkomen van Centraal-Amerika in de jaren 1980 bestond uit: Mexico (88,1%), Guatemala (3,2%), Panama (2,1%), Costa Rica (2,0%), Honduras (1,7%), en andere (2,9%). Het bruto nationaal inkomen per hoofd in Centraal-Amerika onder de leiders: Mexico ($2.751,7), Panama ($2.271,0), Costa Rica ($1.721,6), Honduras ($949,0) en Guatemala ($914,3). De groei van het bruto nationaal inkomen onder de leiders: Panama (3,9%), Honduras (2,3%), Mexico (2,0%), Costa Rica (1,8%) en Guatemala (0,72%).

de jaren 1990

Het bruto nationaal inkomen van Centraal-Amerika bedroeg in de jaren 1990 US$454,4 miljard per jaar. Het aandeel in de wereld was 1,6%, en 4,6% in Amerika.

Het bruto nationaal inkomen per hoofd in Centraal-Amerika was $3.683,1 in de jaren 1990s, en was vergelijkbaar met Zuid-Amerika (US$3,7 duizend), Dominica (US$3,7 duizend), Nauru (US$3,6 duizend). Het bruto nationaal inkomen per hoofd in Centraal-Amerika was 26,2% lager dan het bruto nationaal inkomen per hoofd van de bevolking in de wereld ($4.991,4), en was in 3,5 keer lager dan het bruto nationaal inkomen per hoofd van de bevolking in Amerika ($4.991,4).

De groei van het BNI in Centraal-Amerika bedroeg 3% in de jaren 1990, en was vergelijkbaar met Portugal (2,9%), Saint Vincent en de Grenadines (3,0%), Peru (3,0%). De groei van het bruto nationaal inkomen in Centraal-Amerika (3,0%) was groter dan de groei van het bruto nationaal inkomen in de wereld (2,8%), was minder dan de groei van het BNI in Amerika (3,2%).

Vergelijking met subregio's. Het BNI van Centraal-Amerika was groter dan in de Caraïben (US$99,1 miljard); maar minder dan in Noord-Amerika (US$8,1 biljoen) en in Zuid-Amerika (US$1,2 biljoen). Het BNI per hoofd in Centraal-Amerika was in Centraal-Amerika groter dan in de Caraïben (US$2,8 duizend); maar minder dan in Noord-Amerika (US$27,7 duizend) en in Zuid-Amerika (US$3,7 duizend). De groei van het bruto nationaal inkomen in Centraal-Amerika was groter dan in Zuid-Amerika (2,7%) en in de Caraïben (2,1%); maar minder dan in Noord-Amerika (3,3%).

Leiders. Het bruto nationaal inkomen van Centraal-Amerika in de jaren 1990 bestond uit: Mexico (89,7%), Guatemala (2,6%), Costa Rica (2,3%), Panama (1,8%), El Salvador (1,6%), en andere (1,9%). Het bruto nationaal inkomen per hoofd in Centraal-Amerika onder de leiders: Mexico ($4.490,3), Panama ($3.013,5), Costa Rica ($2.978,8), El Salvador ($1.305,6) en Guatemala ($1.159,6). De groei van het BNI onder de leiders: Panama (5,5%), Costa Rica (5,1%), Guatemala (4,2%), Mexico (2,8%) en El Salvador (2,5%).

de jaren 2000

Het bruto nationaal inkomen van Centraal-Amerika bedroeg in de jaren 2000 US$932,4 miljard per jaar, en was vergelijkbaar met Brazilië (US$945,9 miljard). Het aandeel in de wereld was 2,0%, en 5,6% in Amerika.

Het BNI per hoofd in Centraal-Amerika was $6.428,4 in de jaren 2000s, en was vergelijkbaar met Saint Lucia (US$6,3 duizend), Venezuela (US$6,6 duizend). Het BNI per hoofd in Centraal-Amerika was 10,3% lager dan het bruto nationaal inkomen per hoofd van de bevolking in de wereld ($7.165,2), en was in 3,0 keer lager dan het bruto nationaal inkomen per hoofd van de bevolking in Amerika ($7.165,2).

De groei van het BNI in Centraal-Amerika bedroeg 2.7% in de jaren 2000, en was vergelijkbaar met Hongarije (2,7%). De groei van het bruto nationaal inkomen in Centraal-Amerika (2,7%) was minder dan de groei van het BNI in de wereld (3,0%), was groter dan de groei van het bruto nationaal inkomen in Amerika (2,1%).

Vergelijking met subregio's. Het bruto nationaal inkomen van Centraal-Amerika was groter dan in de Caraïben (US$185,8 miljard); maar minder dan in Noord-Amerika (US$13,8 biljoen) en in Zuid-Amerika (US$1,8 biljoen). Het bruto nationaal inkomen per hoofd in Centraal-Amerika was in Centraal-Amerika groter dan in de Caraïben (US$4,8 duizend) en in Zuid-Amerika (US$4,8 duizend); maar minder dan in Noord-Amerika (US$42,3 duizend). De groei van het BNI in Centraal-Amerika was groter dan in Noord-Amerika (1,8%); maar minder dan in Zuid-Amerika (3,3%) en in de Caraïben (2,8%).

Leiders. Het BNI van Centraal-Amerika in de jaren 2000 bestond uit: Mexico (90,0%), Guatemala (2,8%), Costa Rica (2,2%), Panama (1,7%), El Salvador (1,5%), en andere (1,8%). Het bruto nationaal inkomen per hoofd in Centraal-Amerika onder de leiders: Mexico ($7.957,4), Costa Rica ($4.848,1), Panama ($4.700,2), El Salvador ($2.340,7) en Guatemala ($2.021,0). De groei van het bruto nationaal inkomen onder de leiders: Panama (5,8%), Costa Rica (4,2%), Guatemala (3,2%), Mexico (2,4%) en El Salvador (2,4%).

de jaren 2010

Het BNI van Centraal-Amerika bedroeg in de jaren 2010 US$1,4 biljoen per jaar, en was vergelijkbaar met Australië (US$1,4 biljoen), Spanje (US$1,3 biljoen). Het aandeel in de wereld was 1,8%, en 5,4% in Amerika.

Het bruto nationaal inkomen per hoofd in Centraal-Amerika was $8.181,9 in de jaren 2010s, en was vergelijkbaar met Grenada (US$8,3 duizend). Het bruto nationaal inkomen per hoofd in Centraal-Amerika was 22,9% lager dan het bruto nationaal inkomen per hoofd van de bevolking in de wereld ($10.611,7), en was in 3,2 keer lager dan het bruto nationaal inkomen per hoofd van de bevolking in Amerika ($10.611,7).

De groei van het bruto nationaal inkomen in Centraal-Amerika bedroeg 2.8% in de jaren 2010, en was vergelijkbaar met Oman (2,8%), Madagaskar (2,8%), Uruguay (2,8%). De groei van het bruto nationaal inkomen in Centraal-Amerika (2,8%) was minder dan de groei van het bruto nationaal inkomen in de wereld (3,1%), was groter dan de groei van het BNI in Amerika (2,3%).

Vergelijking met subregio's. Het bruto nationaal inkomen van Centraal-Amerika was 4,6 keer groter dan in de Caraïben (US$299,6 miljard); maar 14,6 keer minder dan in Noord-Amerika (US$20,0 biljoen) en 2,9 keer minder dan in Zuid-Amerika (US$3,9 biljoen). Het BNI per hoofd in Centraal-Amerika was in Centraal-Amerika13,2% groter dan in de Caraïben (US$7,2 duizend); maar 6,9 keer minder dan in Noord-Amerika (US$56,3 duizend) en 14,5% minder dan in Zuid-Amerika (US$9,6 duizend). De groei van het bruto nationaal inkomen in Centraal-Amerika was groter dan in Noord-Amerika (2,4%), in de Caraïben (1,8%) en in Zuid-Amerika (1,1%).

Leiders. Het bruto nationaal inkomen van Centraal-Amerika in de jaren 2010 bestond uit: Mexico (84,8%), Guatemala (4,3%), Costa Rica (3,6%), Panama (3,4%), El Salvador (1,6%), en andere (2,3%). Het BNI per hoofd in Centraal-Amerika onder de leiders: Panama ($11.749,6), Costa Rica ($10.300,0), Mexico ($9.620,5), Guatemala ($3.626,6) en El Salvador ($3.482,6). De groei van het bruto nationaal inkomen onder de leiders: Panama (6,2%), Guatemala (3,6%), Costa Rica (3,4%), Mexico (2,6%) en El Salvador (1,9%).

Part II. Structuur

de jaren 2010
landbouw   4,1%
industrie   24,0%
constructie   7,9%
handel   20,8%
vervoer   8,7%
diensten   34,5%

Hoofdstuk IV. Landbouw

Landbouw, jacht, bosbouw, vissen (ISIC A-B)

De sector van de landbouw in Centraal-Amerika steeg van US$11,1 miljard per jaar in de jaren 1970 tot US$54,7 miljard per jaar in de jaren 2010, dat wil zeggen met US$43,5 miljard of 4,9 keer. De verandering vond plaats op US$31,9 miljard als gevolg van een 2,4-voudige stijging van de prijzen, en ook op -US$824,8 miljoen als gevolg van een 1,0-voudige afname van de productiviteit , evenals op US$12,5 miljard als gevolg van de toename van de bevolking. De gemiddelde jaarlijkse groei van de landbouw is 2,0%. De minimumwaarde van de landbouw bedroeg US$6,1 miljard in 1970. De maximumwaarde van de landbouw bedroeg US$61,1 miljard in 2019.

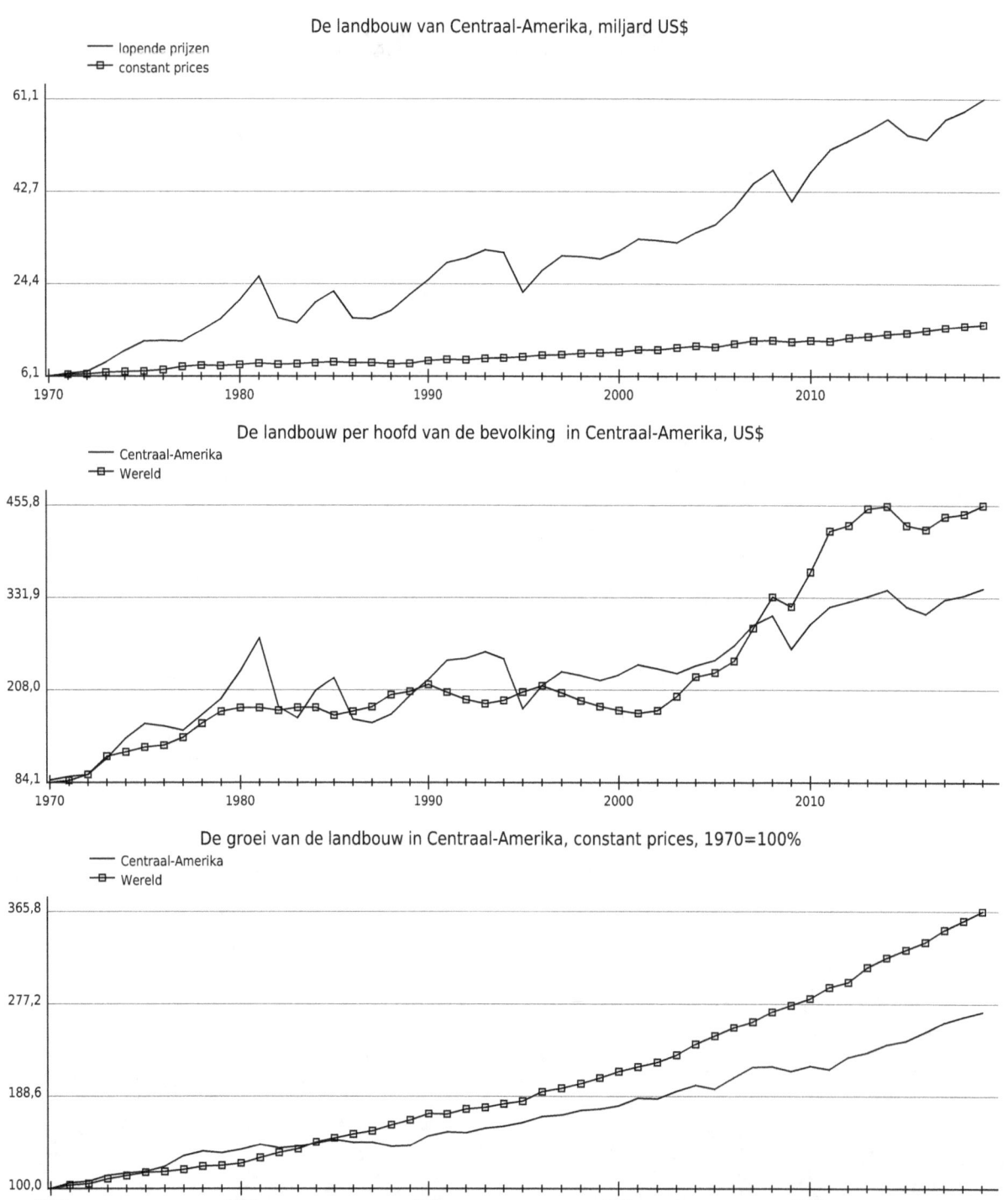

De landbouw van Centraal-Amerika, miljard US$

De landbouw per hoofd van de bevolking in Centraal-Amerika, US$

De groei van de landbouw in Centraal-Amerika, constant prices, 1970=100%

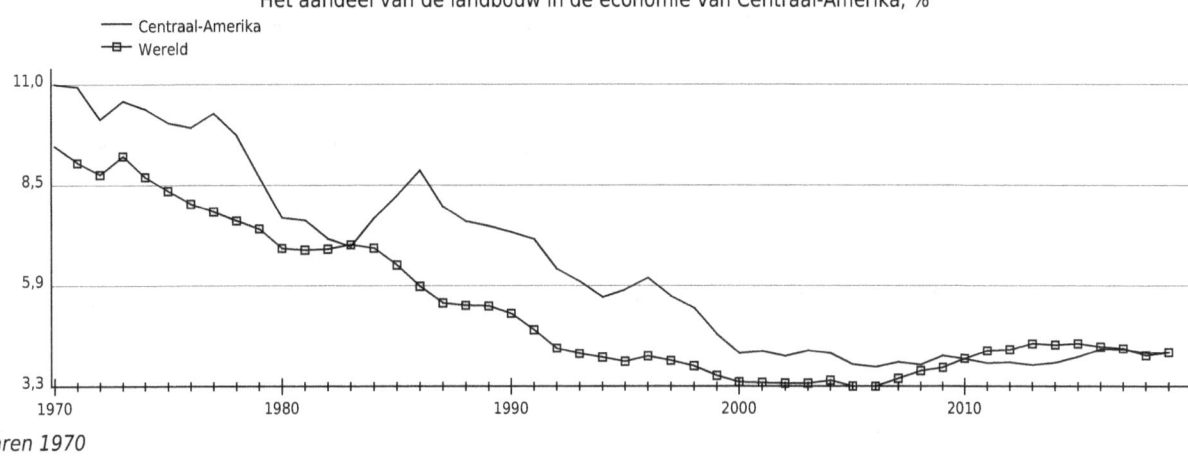

Het aandeel van de landbouw in de economie van Centraal-Amerika, %

— Centraal-Amerika
-▫- Wereld

de jaren 1970

De sector van de landbouw in Centraal-Amerika bedroeg in de jaren 1970 US$11,1 miljard per jaar. Het aandeel in de wereld was 2,2%, en 12,6% in Amerika.

Het aandeel van de landbouw in de economie van Centraal-Amerika was 9,9% in de jaren 1970.

De sector van de landbouw per hoofd in Centraal-Amerika was $140,7 in de jaren 1970s, en was vergelijkbaar met Trinidad en Tobago (US$140,0), Dominica (US$141,6), Micronesië (US$142,9). De waarde van de landbouw per hoofd in Centraal-Amerika was 10,3% hoger dan de landbouw per hoofd van de bevolking in de wereld ($127,6), en was 11,0% lager dan de landbouw per hoofd van de bevolking in Amerika ($127,6).

De groei van de landbouw in Centraal-Amerika bedroeg 3.3% in de jaren 1970, en was vergelijkbaar met de Dominicaanse Republiek (3,3%), Europa (3,3%). De groei van de landbouw in Centraal-Amerika (3,3%) was groter dan de groei van de landbouw in de wereld (2,2%), was groter dan de groei van de landbouw in Amerika (1,9%).

Vergelijking met subregio's. De landbouw van Centraal-Amerika was groter dan in de Caraïben (US$3,1 miljard); maar minder dan in Noord-Amerika (US$49,5 miljard) en in Zuid-Amerika (US$24,8 miljard). De landbouw per hoofd in Centraal-Amerika was in Centraal-Amerika groter dan in de Caraïben (US$116,5) en in Zuid-Amerika (US$116,2); maar minder dan in Noord-Amerika (US$205,3). De groei van de landbouw in Centraal-Amerika was groter dan in de Caraïben (3,2%), in Zuid-Amerika (3,1%) en in Noord-Amerika (0,32%).

Leiders. De toegevoegde waarde van de landbouw in Centraal-Amerika in de jaren 1970 bestond uit: Mexico (79,3%), Guatemala (4,9%), El Salvador (4,2%), Honduras (3,5%), Costa Rica (3,4%), en andere (4,7%). Het aandeel van de landbouw in economie van de leiders: El Salvador (28,3%), Honduras (26,4%), Guatemala (17,7%), Costa Rica (15,4%) en Mexico (8,9%). De waarde van de landbouw per hoofd in Centraal-Amerika onder de leiders: Costa Rica ($184,4), Mexico ($150,1), Honduras ($125,4), El Salvador ($112,9) en Guatemala ($85,1). De groei van de landbouw onder de leiders: Guatemala (5,0%), El Salvador (4,9%), Mexico (3,0%), Costa Rica (2,9%) en Honduras (2,8%).

de jaren 1980

De toegevoegde waarde van de landbouw in Centraal-Amerika bedroeg in de jaren 1980 US$20,2 miljard per jaar. Het aandeel in de wereld was 2,2%, en 12,8% in Amerika.

Het aandeel van de landbouw in de economie van Centraal-Amerika was 7,6% in de jaren 1980, en was vergelijkbaar met Panama (7,6%), Argentinië (7,7%).

De landbouw per hoofd in Centraal-Amerika was $199,3 in de jaren 1980s, en was vergelijkbaar met Honduras (US$199,2), Panama (US$195,9). De toegevoegde waarde van de landbouw per hoofd in Centraal-Amerika was 6,8% hoger dan de landbouw per hoofd van de bevolking in de wereld ($186,6), en was 16,1% lager dan de landbouw per hoofd van de bevolking in Amerika ($186,6).

De groei van de landbouw in Centraal-Amerika bedroeg 0.5% in de jaren 1980. De groei van de landbouw in Centraal-Amerika (0,51%) was minder dan de groei van de landbouw in de wereld (3,1%), was minder dan de groei van de landbouw in Amerika (2,6%).

Vergelijking met subregio's. De toegevoegde waarde van de landbouw in Centraal-Amerika was groter dan in de Caraïben (US$5,9 miljard); maar minder dan in Noord-Amerika (US$81,2 miljard) en in Zuid-Amerika (US$50,1 miljard). De landbouw per hoofd in Centraal-Amerika was in Centraal-Amerika groter dan in de Caraïben (US$191,3) en in Zuid-Amerika (US$189,1); maar minder dan in Noord-Amerika (US$306,1). De groei van de landbouw in Centraal-Amerika was minder dan in Noord-Amerika (3,5%), in Zuid-Amerika (2,5%) en in de Caraïben (2,0%).

Leiders. De landbouw van Centraal-Amerika in de jaren 1980 bestond uit: Mexico (78,3%), Guatemala (5,8%), Honduras (4,2%), El Salvador (3,6%), Costa Rica (3,4%), en andere (4,8%). Het aandeel van de landbouw in economie van de leiders: Honduras (19,9%), El Salvador (18,7%), Guatemala (16,7%), Costa Rica (15,0%) en Mexico (6,7%). De toegevoegde waarde van de landbouw per hoofd in Centraal-Amerika onder de leiders: Costa Rica ($252,9), Mexico ($210,1), Honduras ($199,2), El Salvador ($146,4) en Guatemala ($143,2). De groei van de landbouw onder de leiders: Costa Rica (2,8%), Honduras (2,8%), Mexico (1,4%), Guatemala (1,0%) en El Salvador (-9,9%).

de jaren 1990

De sector van de landbouw in Centraal-Amerika bedroeg in de jaren 1990 US$28,4 miljard per jaar. Het aandeel in de wereld was 2,5%, en 12,7% in Amerika.

Het aandeel van de landbouw in de economie van Centraal-Amerika was 5,9% in de jaren 1990, en was vergelijkbaar met Jordanië (5,9%).

De waarde van de landbouw per hoofd in Centraal-Amerika was $230,3 in de jaren 1990s, en was vergelijkbaar met Brazilië (US$228,7), Grenada (US$234,0), Colombia (US$226,4). De toegevoegde waarde van de landbouw per hoofd in Centraal-Amerika was 15,2% hoger dan de landbouw per hoofd van de bevolking in de wereld ($199,8), en was 20,3% lager dan de landbouw per hoofd van de bevolking in Amerika ($199,8).

De groei van de landbouw in Centraal-Amerika bedroeg 2.3% in de jaren 1990. De groei van de landbouw in Centraal-Amerika (2,3%) was groter dan de groei van de landbouw in de wereld (2,2%), was minder dan de groei van de landbouw in Amerika (2,4%).

Vergelijking met subregio's. De waarde van de landbouw in Centraal-Amerika was groter dan in de Caraïben (US$6,0 miljard); maar minder dan in Noord-Amerika (US$111,6 miljard) en in Zuid-Amerika (US$76,8 miljard). De sector van de landbouw per hoofd in Centraal-Amerika was in Centraal-Amerika groter dan in de Caraïben (US$172,0); maar minder dan in Noord-Amerika (US$380,2) en in Zuid-Amerika (US$240,6). De groei van de landbouw in Centraal-Amerika was groter dan in de Caraïben (-2,1%); maar minder dan in Zuid-Amerika (2,9%) en in Noord-Amerika (2,4%).

Leiders. De sector van de landbouw in Centraal-Amerika in de jaren 1990 bestond uit: Mexico (77,7%), Guatemala (6,2%), Costa Rica (4,5%), El Salvador (3,3%), Honduras (3,1%), en andere (5,2%). Het aandeel van de landbouw in economie van de leiders: Honduras (19,7%), Guatemala (15,8%), Costa Rica (13,2%), El Salvador (12,4%) en Mexico (5,0%). De sector van de landbouw per hoofd in Centraal-Amerika onder de leiders: Costa Rica ($367,6), Mexico ($243,1), Guatemala ($171,1), El Salvador ($166,3) en Honduras ($155,9). De groei van de landbouw onder de leiders: Costa Rica (5,2%), Guatemala (3,0%), Mexico (2,0%), Honduras (1,5%) en El Salvador (1,4%).

de jaren 2000

De sector van de landbouw in Centraal-Amerika bedroeg in de jaren 2000 US$37,3 miljard per jaar, en was vergelijkbaar met Italië (US$37,0 miljard). Het aandeel in de wereld was 2,4%, en 12,9% in Amerika.

Het aandeel van de landbouw in de economie van Centraal-Amerika was 4,0% in de jaren 2000.

De toegevoegde waarde van de landbouw per hoofd in Centraal-Amerika was $256,8 in de jaren 2000s, en was vergelijkbaar met Colombia (US$258,3), Kazachstan (US$254,3), Bhutan (US$253,8). De sector van de landbouw per hoofd in Centraal-Amerika was 6,9% hoger dan de landbouw per hoofd van de bevolking in de wereld ($240,3), en was 21,6% lager dan de landbouw per hoofd van de bevolking in Amerika ($240,3).

De groei van de landbouw in Centraal-Amerika bedroeg 1.9% in de jaren 2000, en was vergelijkbaar met Duitsland (1,9%), Malawi (1,9%), Guinee (1,9%). De groei van de landbouw in Centraal-Amerika (1,9%) was minder dan de groei van de landbouw in de wereld (3,0%), was minder dan de groei van de landbouw in Amerika (2,7%).

Vergelijking met subregio's. De landbouw van Centraal-Amerika was groter dan in de Caraïben (US$6,9 miljard); maar minder dan in Noord-Amerika (US$143,2 miljard) en in Zuid-Amerika (US$100,4 miljard). De waarde van de landbouw per hoofd in Centraal-Amerika was in Centraal-Amerika groter dan in de Caraïben (US$178,0); maar minder dan in Noord-Amerika (US$439,1) en in Zuid-Amerika (US$272,2). De groei van de landbouw in Centraal-Amerika was groter dan in de Caraïben (0,94%); maar minder dan in Noord-Amerika (3,2%) en in Zuid-Amerika (2,6%).

Leiders. De waarde van de landbouw in Centraal-Amerika in de jaren 2000 bestond uit: Mexico (75,2%), Guatemala (8,6%), Costa Rica (4,7%), Honduras (3,3%), Nicaragua (2,8%), en andere (5,5%). Het aandeel van de landbouw in economie van de leiders: Nicaragua (17,9%), Guatemala (12,9%), Honduras (12,7%), Costa Rica (9,0%) en Mexico (3,4%). De landbouw per hoofd in Centraal-Amerika onder de leiders: Costa Rica ($409,0), Mexico ($265,7), Guatemala ($246,8), Nicaragua ($193,6) en Honduras ($166,7). De groei van de landbouw onder de leiders: Nicaragua (4,2%), Honduras (3,8%), Guatemala (3,0%), Mexico (1,6%) en Costa Rica (1,5%).

de jaren 2010

De waarde van de landbouw in Centraal-Amerika bedroeg in de jaren 2010 US$54,7 miljard per jaar. Het aandeel in de wereld was 1,7%, en 11,2% in Amerika.

Het aandeel van de landbouw in de economie van Centraal-Amerika was 4,1% in de jaren 2010, en was vergelijkbaar met Oost-Europa (4,1%).

De sector van de landbouw per hoofd in Centraal-Amerika was $325,9 in de jaren 2010s, en was vergelijkbaar met Angola (US$323,6), Bosnië en Herzegovina (US$323,4), Azerbeidzjan (US$321,8). De waarde van de landbouw per hoofd in Centraal-Amerika was 24,6% lager dan de landbouw per hoofd van de bevolking in de wereld ($432,1), en was 34,7% lager dan de landbouw per hoofd van de bevolking in Amerika ($432,1).

De groei van de landbouw in Centraal-Amerika bedroeg 2.4% in de jaren 2010, en was vergelijkbaar met Mexico (2,4%), Jamaica (2,4%), Nicaragua (2,4%). De groei van de landbouw in Centraal-Amerika (2,4%) was minder dan de groei van de landbouw in de wereld (2,9%), was groter dan de groei van de landbouw in Amerika (2,2%).

Vergelijking met subregio's. De toegevoegde waarde van de landbouw in Centraal-Amerika was 5,0 keer groter dan in de Caraïben (US$10,9 miljard); maar 3,9 keer minder dan in Noord-Amerika (US$211,0 miljard) en 3,8 keer minder dan in Zuid-Amerika (US$209,5 miljard). De waarde van de landbouw per hoofd in Centraal-Amerika was in Centraal-Amerika23,7% groter dan in de Caraïben (US$263,5); maar 45,1% minder dan in Noord-Amerika (US$593,8) en 36,2% minder dan in Zuid-Amerika (US$511,1). De groei van de landbouw in Centraal-Amerika was groter dan in de Caraïben (2,3%), in Noord-Amerika (2,2%) en in Zuid-Amerika (2,0%).

Leiders. De waarde van de landbouw in Centraal-Amerika in de jaren 2010 bestond uit: Mexico (70,9%), Guatemala (10,9%), Costa Rica (4,8%), Honduras (4,6%), Nicaragua (3,5%), en andere (5,3%). Het aandeel van de landbouw in economie van de leiders: Nicaragua (17,9%), Honduras (12,7%), Guatemala (10,6%), Costa Rica (5,6%) en Mexico (3,4%). De sector van de landbouw per hoofd in Centraal-Amerika onder de leiders: Costa Rica ($549,5), Guatemala ($369,4), Mexico ($320,3), Nicaragua ($307,5) en Honduras ($278,8). De groei van de landbouw onder de leiders: Honduras (4,4%), Guatemala (2,9%), Nicaragua (2,4%), Mexico (2,4%) en Costa Rica (2,0%).

Hoofdstuk V. Industrie

Mijnbouw, productie, nutsbedrijven (ISIC C-E)

De toegevoegde waarde van de industrie in Centraal-Amerika steeg van US$29,0 miljard per jaar in de jaren 1970 tot US$322,2 miljard per jaar in de jaren 2010, dat wil zeggen met US$293,2 miljard of 11,1 keer. De verandering vond plaats op US$232,5 miljard als gevolg van een 3,6-voudige stijging van de prijzen, en ook op US$28,2 miljard als gevolg van een 1,5-voudige toename van de productiviteit , evenals op US$32,5 miljard als gevolg van de toename van de bevolking. De gemiddelde jaarlijkse groei van de industrie is 3,0%. De minimumwaarde van de industrie bedroeg US$13,6 miljard in 1970. De maximumwaarde van de industrie bedroeg US$354,2 miljard in 2014.

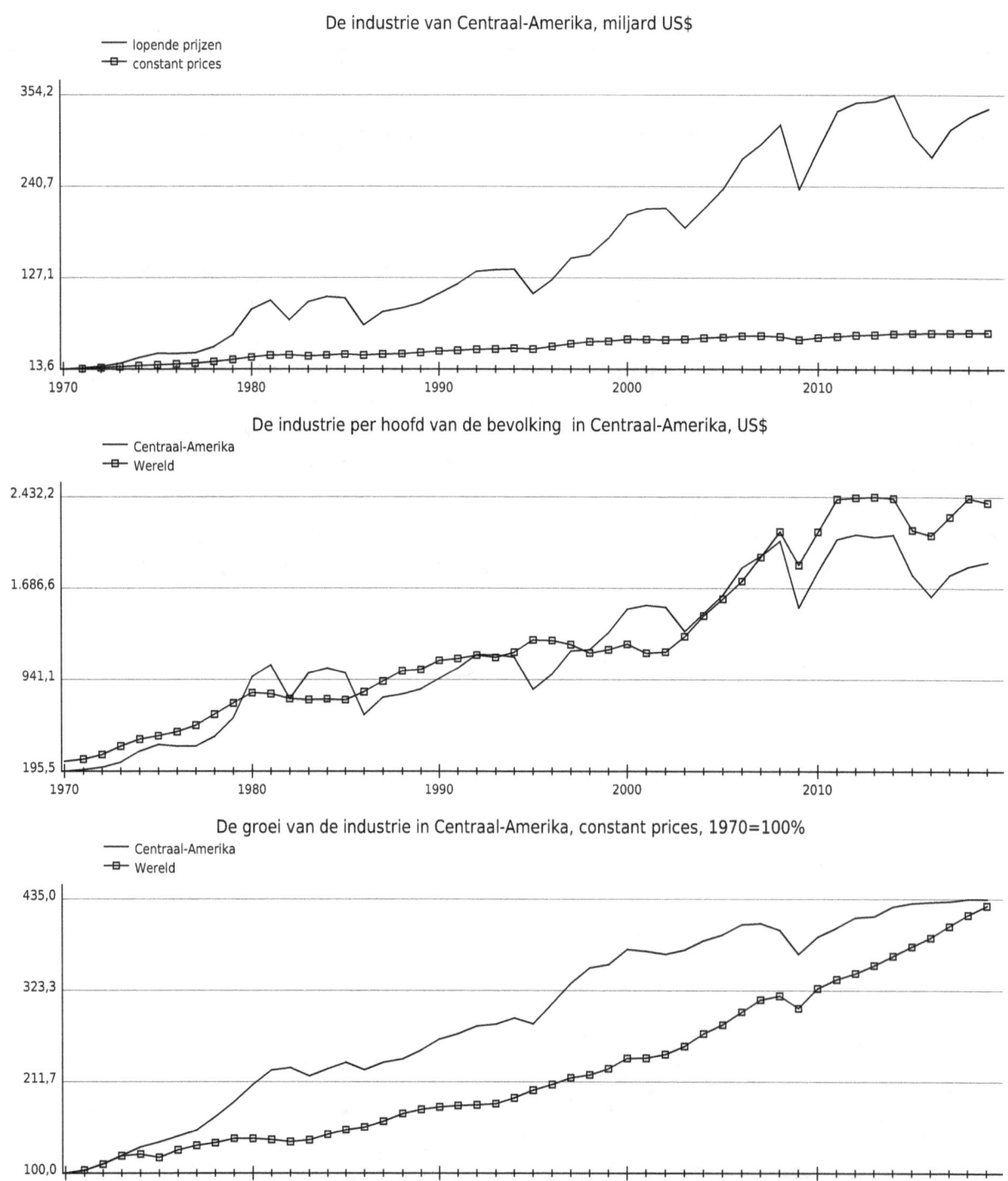

De industrie van Centraal-Amerika, miljard US$

De industrie per hoofd van de bevolking in Centraal-Amerika, US$

De groei van de industrie in Centraal-Amerika, constant prices, 1970=100%

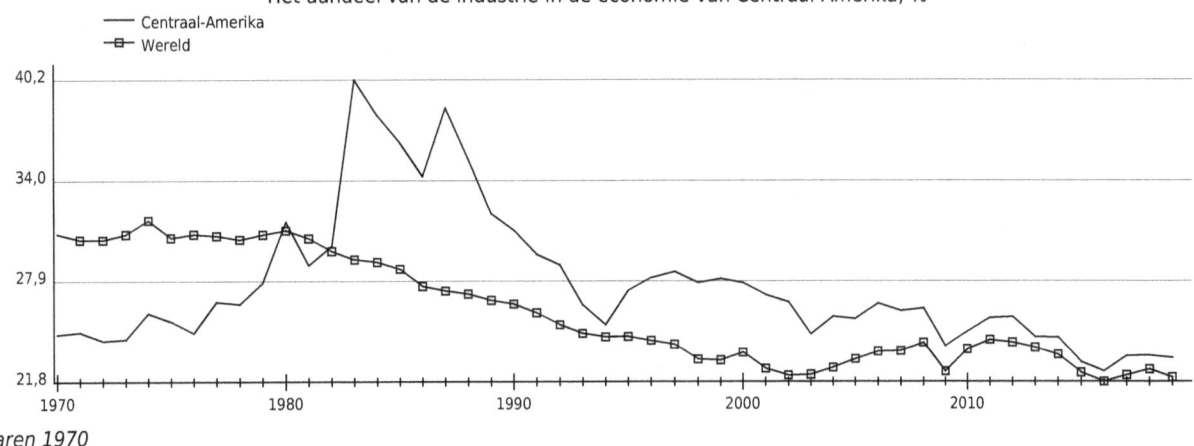

Het aandeel van de industrie in de economie van Centraal-Amerika, %

— Centraal-Amerika
—◻— Wereld

de jaren 1970

De industrie van Centraal-Amerika bedroeg in de jaren 1970 US$29,0 miljard per jaar, en was vergelijkbaar met Australazië (US$29,4 miljard). Het aandeel in de wereld was 1,5%, en 4,8% in Amerika.

Het aandeel van de industrie in de economie van Centraal-Amerika was 25,9% in de jaren 1970, en was vergelijkbaar met Zuid-Korea (25,9%), Burkina Faso (25,9%), Togo (25,9%).

De toegevoegde waarde van de industrie per hoofd in Centraal-Amerika was $367,0 in de jaren 1970s, en was vergelijkbaar met Zuid-Amerika (US$367,3), Portugal (US$364,9), Albanië (US$371,1). De sector van de industrie per hoofd in Centraal-Amerika was 23,6% lager dan de industrie per hoofd van de bevolking in de wereld ($480,5), en was in 3,0 keer lager dan de industrie per hoofd van de bevolking in Amerika ($480,5).

De groei van de industrie in Centraal-Amerika bedroeg 7.2% in de jaren 1970, en was vergelijkbaar met Noorwegen (7,2%), de Maldiven (7,2%). De groei van de industrie in Centraal-Amerika (7,2%) was groter dan de groei van de industrie in de wereld (4,0%), was groter dan de groei van de industrie in Amerika (3,2%).

Vergelijking met subregio's. De toegevoegde waarde van de industrie in Centraal-Amerika was groter dan in de Caraïben (US$8,3 miljard); maar minder dan in Noord-Amerika (US$495,3 miljard) en in Zuid-Amerika (US$78,3 miljard). De waarde van de industrie per hoofd in Centraal-Amerika was in Centraal-Amerika groter dan in de Caraïben (US$311,5); maar minder dan in Noord-Amerika (US$2,1 duizend) en in Zuid-Amerika (US$367,3). De groei van de industrie in Centraal-Amerika was groter dan in de Caraïben (5,3%), in Zuid-Amerika (5,1%) en in Noord-Amerika (2,5%).

Leiders. De industrie van Centraal-Amerika in de jaren 1970 bestond uit: Mexico (90,9%), Guatemala (2,4%), Costa Rica (2,0%), Nicaragua (1,4%), Panama (1,4%), en andere (1,9%). Het aandeel van de industrie in economie van de leiders: Mexico (26,6%), Costa Rica (23,9%), Guatemala (22,4%), Nicaragua (19,3%) en Panama (18,3%). De waarde van de industrie per hoofd in Centraal-Amerika onder de leiders: Mexico ($448,8), Costa Rica ($286,3), Panama ($228,8), Nicaragua ($145,5) en Guatemala ($107,9). De groei van de industrie onder de leiders: Costa Rica (8,1%), Mexico (7,5%), Guatemala (6,8%), Panama (4,0%) en Nicaragua (-2,7%).

de jaren 1980

De toegevoegde waarde van de industrie in Centraal-Amerika bedroeg in de jaren 1980 US$90,4 miljard per jaar. Het aandeel in de wereld was 2,2%, en 6,5% in Amerika.

Het aandeel van de industrie in de economie van Centraal-Amerika was 34,2% in de jaren 1980, en was vergelijkbaar met Noord-Afrika (34,1%), de Dominicaanse Republiek (34,5%), de Sovjet-Unie (34,5%).

De toegevoegde waarde van de industrie per hoofd in Centraal-Amerika was $893,3 in de jaren 1980s, en was vergelijkbaar met de Bahama's (US$888,0), Cyprus (US$908,5), Barbados (US$909,0). De sector van de industrie per hoofd in Centraal-Amerika was 3,6% hoger dan de industrie per hoofd van de bevolking in de wereld ($861,8), en was in 2,3 keer lager dan de industrie per hoofd van de bevolking in Amerika ($861,8).

De groei van de industrie in Centraal-Amerika bedroeg 2.9% in de jaren 1980, en was vergelijkbaar met Australazië (2,9%), Marokko (2,9%), Tonga (3,0%). De groei van de industrie in Centraal-Amerika (2,9%) was groter dan de groei van de industrie in de wereld (2,3%), was groter dan de groei van de industrie in Amerika (1,9%).

Vergelijking met subregio's. De industrie van Centraal-Amerika was groter dan in de Caraïben (US$19,0 miljard); maar minder dan in Noord-Amerika (US$1,1 biljoen) en in Zuid-Amerika (US$172,4 miljard). De waarde van de industrie per hoofd in Centraal-Amerika was in Centraal-Amerika groter dan in Zuid-Amerika (US$650,3) en in de Caraïben (US$618,5); maar minder dan in Noord-Amerika (US$4,1 duizend). De groei van de industrie in Centraal-Amerika was groter dan in de Caraïben (2,9%), in Noord-Amerika (1,9%) en in Zuid-Amerika (1,2%).

Leiders. De industrie van Centraal-Amerika in de jaren 1980 bestond uit: Mexico (93,4%), Guatemala (1,7%), Costa Rica (1,4%), Panama (1,1%), Honduras (0,84%), en andere (1,6%). Het aandeel van de industrie in economie van de leiders: Mexico (35,9%), Costa Rica (27,0%), Guatemala (22,4%), Honduras (17,9%) en Panama (17,0%). De toegevoegde waarde van de industrie per hoofd in Centraal-Amerika onder de leiders: Mexico ($1.123,6), Costa Rica ($454,5), Panama ($435,8), Guatemala ($192,4) en Honduras ($180,1). De groei van de industrie onder de leiders: Mexico (3,1%), Honduras (2,8%), Costa Rica (2,4%), Panama (0,99%) en Guatemala (0,47%).

de jaren 1990

De industrie van Centraal-Amerika bedroeg in de jaren 1990 US$135,3 miljard per jaar, en was vergelijkbaar met Zuid-Azië (US$133,4 miljard), Rusland (US$138,6 miljard), Canada (US$138,6 miljard). Het aandeel in de wereld was 2,0%, en 6,5% in Amerika.

Het aandeel van de industrie in de economie van Centraal-Amerika was 27,9% in de jaren 1990, en was vergelijkbaar met Estland (27,9%), Mongolië (27,8%), de Dominicaanse Republiek (27,8%).

De waarde van de industrie per hoofd in Centraal-Amerika was $1.096,6 in de jaren 1990s, en was vergelijkbaar met Uruguay (US$1.089,4), Turkije (US$1.088,6), Kroatië (US$1.081,1). De waarde van de industrie per hoofd in Centraal-Amerika was 6,7% lager dan de industrie per hoofd van de bevolking in de wereld ($1.175,6), en was in 2,5 keer lager dan de industrie per hoofd van de bevolking in Amerika ($1.175,6).

De groei van de industrie in Centraal-Amerika bedroeg 3.6% in de jaren 1990, en was vergelijkbaar met Egypte (3,5%), Marokko (3,6%), Irak (3,6%). De groei van de industrie in Centraal-Amerika (3,6%) was groter dan de groei van de industrie in de wereld (2,5%), was groter dan de groei van de industrie in Amerika (2,8%).

Vergelijking met subregio's. De toegevoegde waarde van de industrie in Centraal-Amerika was groter dan in de Caraïben (US$32,4 miljard); maar minder dan in Noord-Amerika (US$1,6 biljoen) en in Zuid-Amerika (US$270,8 miljard). De sector van de industrie per hoofd in Centraal-Amerika was in Centraal-Amerika groter dan in de Caraïben (US$924,3) en in Zuid-Amerika (US$847,9); maar minder dan in Noord-Amerika (US$5,6 duizend). De groei van de industrie in Centraal-Amerika was groter dan in Noord-Amerika (2,8%), in de Caraïben (2,7%) en in Zuid-Amerika (2,3%).

Leiders. De waarde van de industrie in Centraal-Amerika in de jaren 1990 bestond uit: Mexico (93,0%), Costa Rica (1,8%), Guatemala (1,7%), El Salvador (1,3%), Panama (0,97%), en andere (1,3%). Het aandeel van de industrie in economie van de leiders: Mexico (28,7%), Costa Rica (24,9%), El Salvador (23,1%), Guatemala (20,8%) en Panama (15,6%). De sector van de industrie per hoofd in Centraal-Amerika onder de leiders: Mexico ($1.384,8), Costa Rica ($690,8), Panama ($484,2), El Salvador ($310,2) en Guatemala ($225,8). De groei van de industrie onder de leiders: El Salvador (7,4%), Panama (5,0%), Costa Rica (4,3%), Guatemala (3,9%) en Mexico (3,5%).

de jaren 2000

De sector van de industrie in Centraal-Amerika bedroeg in de jaren 2000 US$239,4 miljard per jaar, en was vergelijkbaar met Zuid-Korea (US$233,7 miljard). Het aandeel in de wereld was 2,3%, en 7,8% in Amerika.

Het aandeel van de industrie in de economie van Centraal-Amerika was 26,0% in de jaren 2000, en was vergelijkbaar met Argentinië (26,1%), Bhutan (26,2%).

De toegevoegde waarde van de industrie per hoofd in Centraal-Amerika was $1.650,2 in de jaren 2000s, en was vergelijkbaar met Botswana (US$1.651,7), Oost-Azië (US$1.629,7), de Caraïben (US$1.620,3). De toegevoegde waarde van de industrie per hoofd in Centraal-Amerika was 4,9% hoger dan de industrie per hoofd van de bevolking in de wereld ($1.573,8), en was in 2,1 keer lager dan de industrie per hoofd van de bevolking in Amerika ($1.573,8).

De groei van de industrie in Centraal-Amerika bedroeg 0.4% in de jaren 2000. De groei van de industrie in Centraal-Amerika (0,35%) was minder dan de groei van de industrie in de wereld (2,9%), was minder dan de groei van de industrie in Amerika (1,4%).

Vergelijking met subregio's. De waarde van de industrie in Centraal-Amerika was groter dan in de Caraïben (US$62,5 miljard); maar minder dan in Noord-Amerika (US$2,3 biljoen) en in Zuid-Amerika (US$426,5 miljard). De sector van de industrie per hoofd in Centraal-Amerika was in Centraal-Amerika groter dan in de Caraïben (US$1.620,3) en in Zuid-Amerika (US$1.156,1); maar minder dan in Noord-Amerika (US$7,2 duizend). De groei van de industrie in Centraal-Amerika was minder dan in Zuid-Amerika (2,4%), in de Caraïben (1,4%) en in Noord-Amerika (1,3%).

Leiders. De sector van de industrie in Centraal-Amerika in de jaren 2000 bestond uit: Mexico (92,8%), Guatemala (2,0%), Costa Rica (1,7%), El Salvador (1,3%), Honduras (0,89%), en andere (1,3%). Het aandeel van de industrie in economie van de leiders: Mexico (26,7%), El Salvador (22,7%), Honduras (22,0%), Costa Rica (21,6%) en Guatemala (19,6%). De waarde van de industrie per hoofd in Centraal-Amerika onder de leiders: Mexico ($2.105,9), Costa Rica ($983,8), El Salvador ($508,0), Guatemala ($374,8) en Honduras ($289,4). De groei van de industrie onder de leiders: Honduras (4,0%), Guatemala (2,4%), Costa Rica (1,5%), El Salvador (0,88%) en Mexico (0,15%).

de jaren 2010

De toegevoegde waarde van de industrie in Centraal-Amerika bedroeg in de jaren 2010 US$322,2 miljard per jaar. Het aandeel in de wereld was 1,9%, en 7,6% in Amerika.

Het aandeel van de industrie in de economie van Centraal-Amerika was 24,0% in de jaren 2010, en was vergelijkbaar met de Filipijnen (24,2%).

De toegevoegde waarde van de industrie per hoofd in Centraal-Amerika was $1.921,1 in de jaren 2010s, en was vergelijkbaar met Andorra (US$1.916,1), Suriname (US$1.909,7), Zuid-Amerika (US$1.904,7). De waarde van de industrie per hoofd in Centraal-Amerika was 17,2% lager dan de industrie per hoofd van de bevolking in de wereld ($2.320,9), en was in 2,3 keer lager dan de industrie per hoofd van de bevolking in Amerika ($2.320,9).

De groei van de industrie in Centraal-Amerika bedroeg 1.7% in de jaren 2010, en was vergelijkbaar met Uruguay (1,7%). De groei van de industrie in Centraal-Amerika (1,7%) was minder dan de groei van de industrie in de wereld (3,5%), was minder dan de groei van de industrie in Amerika (1,8%).

Vergelijking met subregio's. De toegevoegde waarde van de industrie in Centraal-Amerika was 3,5 keer groter dan in de Caraïben (US$91,6 miljard); maar 9,5 keer minder dan in Noord-Amerika (US$3,0 biljoen) en 2,4 keer minder dan in Zuid-Amerika (US$780,8 miljard). De waarde van de industrie per hoofd in Centraal-Amerika was in Centraal-Amerika0,86% groter dan in Zuid-Amerika (US$1.904,7); maar 4,5 keer minder dan in Noord-Amerika (US$8,6 duizend) en 13,1% minder dan in de Caraïben (US$2,2 duizend). De groei van de industrie in Centraal-Amerika was groter dan in de Caraïben (0,30%) en in Zuid-Amerika (0,22%); maar minder dan in Noord-Amerika (2,2%).

Leiders. De toegevoegde waarde van de industrie in Centraal-Amerika in de jaren 2010 bestond uit: Mexico (89,1%), Guatemala (3,3%), Costa Rica (2,5%), Panama (1,6%), El Salvador (1,5%), en andere (2,1%). Het aandeel van de industrie in economie van de leiders: Mexico (25,3%), El Salvador (22,3%), Guatemala (18,9%), Costa Rica (16,8%) en Panama (10,4%). De sector van de industrie per hoofd in Centraal-Amerika onder de leiders: Mexico ($2.373,3), Costa Rica ($1.658,1), Panama ($1.286,5), El Salvador ($741,9) en Guatemala ($660,3). De groei van de industrie onder de leiders: Panama (7,0%), Guatemala (3,0%), Costa Rica (2,0%), El Salvador (1,9%) en Mexico (1,5%).

Hoofdstuk 5.1. Fabricage

(ISIC D)

De sector van de fabricage in Centraal-Amerika steeg van US$22,1 miljard per jaar in de jaren 1970 tot US$224,6 miljard per jaar in de jaren 2010, dat wil zeggen met US$202,5 miljard of 10,2 keer. De verandering vond plaats op US$157,5 miljard als gevolg van een 3,3-voudige stijging van de prijzen, en ook op US$20,2 miljard als gevolg van een 1,4-voudige toename van de productiviteit , evenals op US$24,8 miljard als gevolg van de toename van de bevolking. De gemiddelde jaarlijkse groei van de fabricage is 3,1%. De minimumwaarde van de fabricage bedroeg US$10,7 miljard in 1970. De maximumwaarde van de fabricage bedroeg US$250,5 miljard in 2019.

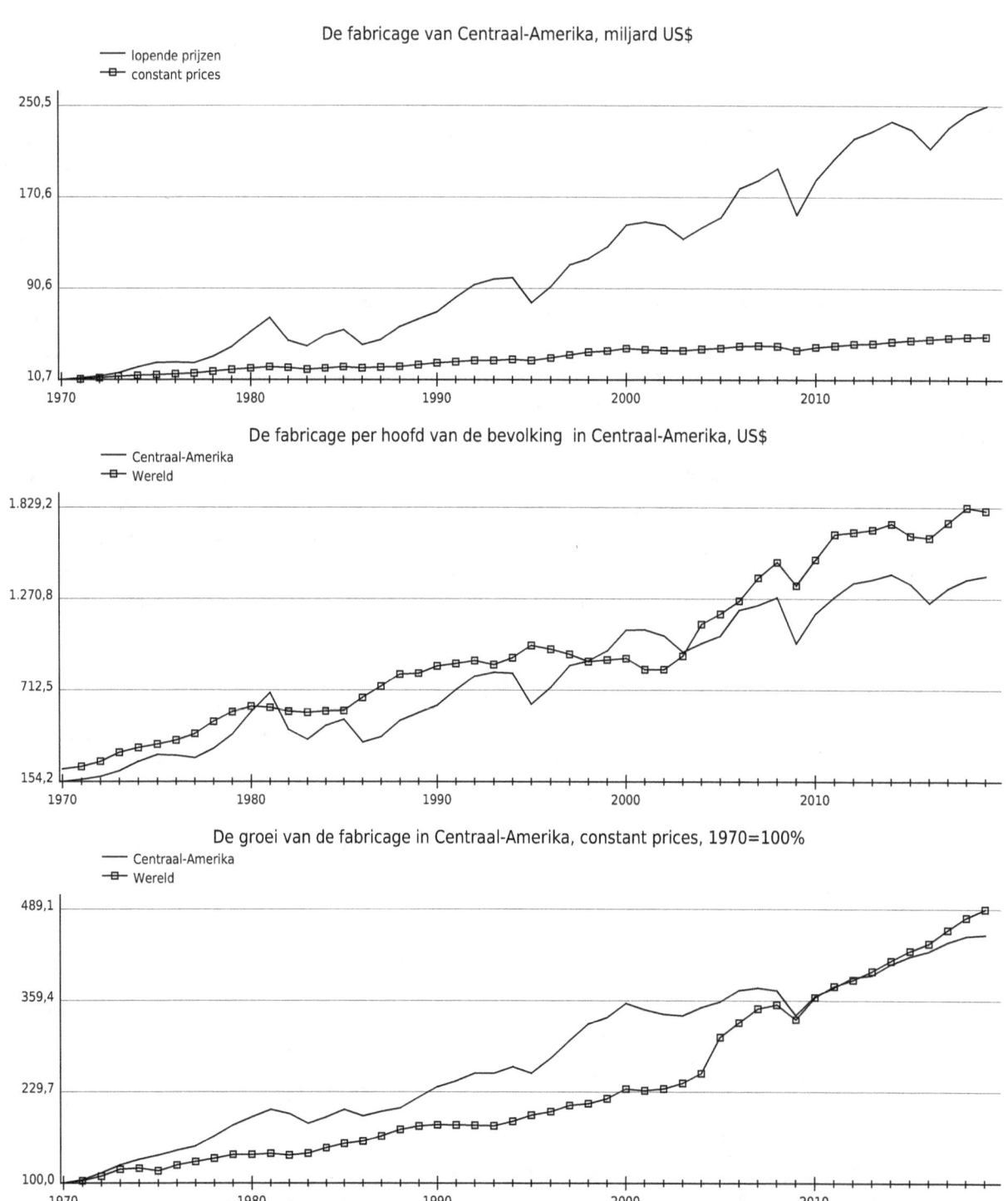

De fabricage van Centraal-Amerika, miljard US$

De fabricage per hoofd van de bevolking in Centraal-Amerika, US$

De groei van de fabricage in Centraal-Amerika, constant prices, 1970=100%

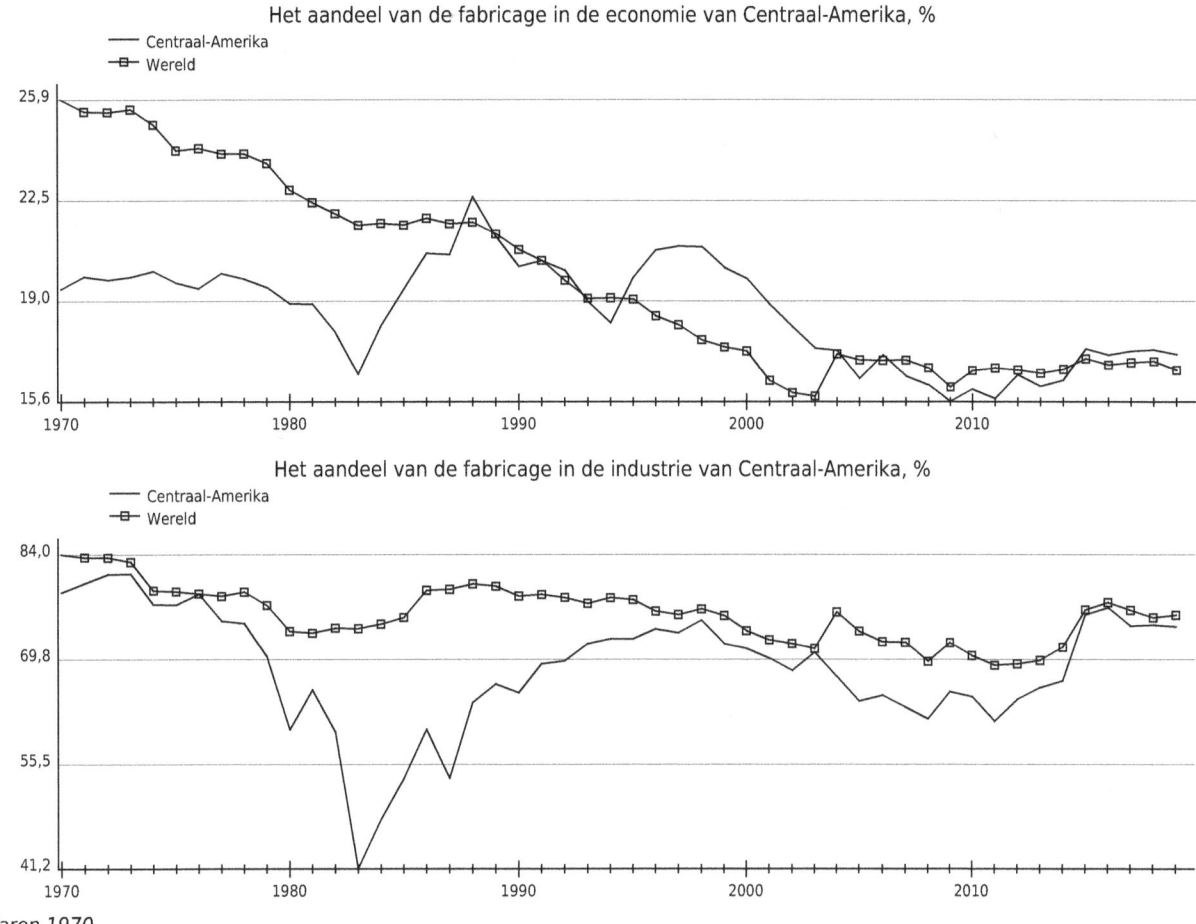

Het aandeel van de fabricage in de economie van Centraal-Amerika, %

Het aandeel van de fabricage in de industrie van Centraal-Amerika, %

de jaren 1970

De toegevoegde waarde van de fabricage in Centraal-Amerika bedroeg in de jaren 1970 US$22,1 miljard per jaar, en was vergelijkbaar met Oceanië (US$21,8 miljard). Het aandeel in de wereld was 1,4%, en 4,4% in Amerika.

Het aandeel van de fabricage in de economie van Centraal-Amerika was 19,7% in de jaren 1970, en was vergelijkbaar met Guyana (19,7%), Hongkong (19,7%), Zimbabwe (19,8%).

De toegevoegde waarde van de fabricage per hoofd in Centraal-Amerika was $279,6 in de jaren 1970s, en was vergelijkbaar met Brazilië (US$278,8), Zuid-Afrika (US$282,8), de Dominicaanse Republiek (US$273,2). De toegevoegde waarde van de fabricage per hoofd in Centraal-Amerika was 27,0% lager dan de fabricage per hoofd van de bevolking in de wereld ($383,2), en was in 3,2 keer lager dan de fabricage per hoofd van de bevolking in Amerika ($383,2).

De groei van de fabricage in Centraal-Amerika bedroeg 6.9% in de jaren 1970, en was vergelijkbaar met Barbados (6,9%), Sao Tomé en Principe (7,0%), de Dominicaanse Republiek (7,0%). De groei van de fabricage in Centraal-Amerika (6,9%) was groter dan de groei van de fabricage in de wereld (3,8%), was groter dan de groei van de fabricage in Amerika (3,6%).

Vergelijking met subregio's. De toegevoegde waarde van de fabricage in Centraal-Amerika was groter dan in de Caraïben (US$6,5 miljard); maar minder dan in Noord-Amerika (US$409,6 miljard) en in Zuid-Amerika (US$63,8 miljard). De fabricage per hoofd in Centraal-Amerika was in Centraal-Amerika groter dan in de Caraïben (US$245,5); maar minder dan in Noord-Amerika (US$1.698,2) en in Zuid-Amerika (US$299,4). De groei van de fabricage in Centraal-Amerika was groter dan in de Caraïben (6,3%), in Zuid-Amerika (5,9%) en in Noord-Amerika (2,8%).

Leiders. De sector van de fabricage in Centraal-Amerika in de jaren 1970 bestond uit: Mexico (89,2%), Guatemala (2,8%), Costa Rica (2,5%), Nicaragua (1,6%), Panama (1,6%), en andere (2,3%). Het aandeel van de fabricage in economie van de leiders: Costa Rica (21,9%), Mexico (19,9%), Guatemala (19,9%), Nicaragua (17,3%) en Panama (16,3%). De waarde van de fabricage per hoofd in Centraal-Amerika onder de leiders: Mexico ($335,7), Costa Rica ($262,3), Panama ($203,7), Nicaragua ($130,5) en Guatemala ($95,8). De groei van de fabricage onder de leiders: Costa Rica (8,2%), Mexico (7,1%), Guatemala (6,3%), Panama (3,4%) en Nicaragua (0,90%).

de jaren 1980

De fabricage van Centraal-Amerika bedroeg in de jaren 1980 US$51,5 miljard per jaar, en was vergelijkbaar met Spanje (US$52,0 miljard). Het aandeel in de wereld was 1,6%, en 4,9% in Amerika.

Het aandeel van de fabricage in de economie van Centraal-Amerika was 19,5% in de jaren 1980, en was vergelijkbaar met Amerika (19,6%), Guatemala (19,7%), Mexico (19,7%).

De toegevoegde waarde van de fabricage per hoofd in Centraal-Amerika was $509,0 in de jaren 1980s, en was vergelijkbaar met Andorra (US$509,0), Paraguay (US$507,9), Bulgarije (US$510,5). De waarde van de fabricage per hoofd in Centraal-Amerika was 23,0% lager dan de fabricage per hoofd van de bevolking in de wereld ($661,2), en was in 3,1 keer lager dan de fabricage per hoofd van de bevolking in Amerika ($661,2).

De groei van de fabricage in Centraal-Amerika bedroeg 2% in de jaren 1980, en was vergelijkbaar met Bangladesh (2,0%), Congo-Kinshasa (2,0%), Costa Rica (2,0%). De groei van de fabricage in Centraal-Amerika (2,0%) was minder dan de groei van de fabricage in de wereld (2,6%), was groter dan de groei van de fabricage in Amerika (1,8%).

Vergelijking met subregio's. De waarde van de fabricage in Centraal-Amerika was groter dan in de Caraïben (US$15,3 miljard); maar minder dan in Noord-Amerika (US$854,3 miljard) en in Zuid-Amerika (US$136,8 miljard). De fabricage per hoofd in Centraal-Amerika was in Centraal-Amerika groter dan in de Caraïben (US$497,2); maar minder dan in Noord-Amerika (US$3,2 duizend) en in Zuid-Amerika (US$516,2). De groei van de fabricage in Centraal-Amerika was groter dan in Noord-Amerika (1,9%) en in Zuid-Amerika (1,1%); maar minder dan in de Caraïben (3,2%).

Leiders. De waarde van de fabricage in Centraal-Amerika in de jaren 1980 bestond uit: Mexico (89,9%), Guatemala (2,7%), Costa Rica (2,1%), Panama (1,5%), Honduras (1,3%), en andere (2,5%). Het aandeel van de fabricage in economie van de leiders: Costa Rica (23,9%), Mexico (19,7%), Guatemala (19,7%), Honduras (16,2%) en Panama (13,6%). De waarde van de fabricage per hoofd in Centraal-Amerika onder de leiders: Mexico ($616,4), Costa Rica ($401,8), Panama ($350,2), Guatemala ($168,6) en Honduras ($162,5). De groei van de fabricage onder de leiders: Honduras (2,4%), Mexico (2,2%), Costa Rica (2,0%), Guatemala (0,19%) en Panama (-0,025%).

de jaren 1990

De toegevoegde waarde van de fabricage in Centraal-Amerika bedroeg in de jaren 1990 US$97,1 miljard per jaar, en was vergelijkbaar met Canada (US$97,8 miljard), Spanje (US$99,3 miljard). Het aandeel in de wereld was 1,9%, en 5,8% in Amerika.

Het aandeel van de fabricage in de economie van Centraal-Amerika was 20,0% in de jaren 1990, en was vergelijkbaar met Honduras (20,0%), Zuidelijk Afrika (20,0%), Europa (19,9%).

De waarde van de fabricage per hoofd in Centraal-Amerika was $786,6 in de jaren 1990s, en was vergelijkbaar met de Caraïben (US$791,2), Chili (US$781,8), Hongarije (US$772,2). De waarde van de fabricage per hoofd in Centraal-Amerika was 13,4% lager dan de fabricage per hoofd van de bevolking in de wereld ($908,4), en was in 2,8 keer lager dan de fabricage per hoofd van de bevolking in Amerika ($908,4).

De groei van de fabricage in Centraal-Amerika bedroeg 4.2% in de jaren 1990, en was vergelijkbaar met Mexico (4,2%), Mauritanië (4,3%). De groei van de fabricage in Centraal-Amerika (4,2%) was groter dan de groei van de fabricage in de wereld (2,0%), was groter dan de groei van de fabricage in Amerika (3,0%).

Vergelijking met subregio's. De fabricage van Centraal-Amerika was groter dan in de Caraïben (US$27,7 miljard); maar minder dan in Noord-Amerika (US$1,3 biljoen) en in Zuid-Amerika (US$208,6 miljard). De toegevoegde waarde van de fabricage per hoofd in Centraal-Amerika was in Centraal-Amerika groter dan in Zuid-Amerika (US$653,1); maar minder dan in Noord-Amerika (US$4,6 duizend) en in de Caraïben (US$791,2). De groei van de fabricage in Centraal-Amerika was groter dan in Noord-Amerika (3,2%), in de Caraïben (2,7%) en in Zuid-Amerika (1,4%).

Leiders. De toegevoegde waarde van de fabricage in Centraal-Amerika in de jaren 1990 bestond uit: Mexico (91,7%), Costa Rica (2,1%), Guatemala (2,0%), El Salvador (1,6%), Panama (1,0%), en andere (1,5%). Het aandeel van de fabricage in economie van de leiders: Costa Rica (21,3%), El Salvador (20,7%), Mexico (20,3%), Guatemala (17,4%) en Panama (11,9%). De fabricage per hoofd in Centraal-Amerika onder de leiders: Mexico ($979,6), Costa Rica ($592,3), Panama ($370,8), El Salvador ($278,6) en Guatemala ($188,7). De groei van de fabricage onder de leiders: El Salvador (7,0%), Panama (4,8%), Mexico (4,2%), Costa Rica (4,0%) en

Guatemala (2,8%).

de jaren 2000

De waarde van de fabricage in Centraal-Amerika bedroeg in de jaren 2000 US$158,5 miljard per jaar. Het aandeel in de wereld was 2,1%, en 7,0% in Amerika.

Het aandeel van de fabricage in de economie van Centraal-Amerika was 17,2% in de jaren 2000, en was vergelijkbaar met Colombia (17,2%), Zuid-Afrika (17,2%), België (17,2%).

De toegevoegde waarde van de fabricage per hoofd in Centraal-Amerika was $1.092,6 in de jaren 2000s, en was vergelijkbaar met Frans-Polynesië (US$1.084,6). De fabricage per hoofd in Centraal-Amerika was 4,0% lager dan de fabricage per hoofd van de bevolking in de wereld ($1.138,1), en was in 2,4 keer lager dan de fabricage per hoofd van de bevolking in Amerika ($1.138,1).

De groei van de fabricage in Centraal-Amerika bedroeg 0.1% in de jaren 2000. De groei van de fabricage in Centraal-Amerika (0,090%) was minder dan de groei van de fabricage in de wereld (4,2%), was minder dan de groei van de fabricage in Amerika (1,4%).

Vergelijking met subregio's. De toegevoegde waarde van de fabricage in Centraal-Amerika was groter dan in de Caraïben (US$52,5 miljard); maar minder dan in Noord-Amerika (US$1,8 biljoen) en in Zuid-Amerika (US$268,6 miljard). De waarde van de fabricage per hoofd in Centraal-Amerika was in Centraal-Amerika groter dan in Zuid-Amerika (US$728,1); maar minder dan in Noord-Amerika (US$5,5 duizend) en in de Caraïben (US$1.361,4). De groei van de fabricage in Centraal-Amerika was minder dan in Zuid-Amerika (2,5%), in de Caraïben (1,6%) en in Noord-Amerika (1,3%).

Leiders. De waarde van de fabricage in Centraal-Amerika in de jaren 2000 bestond uit: Mexico (91,2%), Guatemala (2,4%), Costa Rica (2,2%), El Salvador (1,6%), Honduras (1,2%), en andere (1,4%). Het aandeel van de fabricage in economie van de leiders: Honduras (19,5%), El Salvador (19,0%), Costa Rica (18,1%), Mexico (17,4%) en Guatemala (15,2%). De waarde van de fabricage per hoofd in Centraal-Amerika onder de leiders: Mexico ($1.370,6), Costa Rica ($823,2), El Salvador ($423,8), Guatemala ($291,4) en Honduras ($256,8). De groei van de fabricage onder de leiders: Honduras (3,8%), Guatemala (2,2%), Costa Rica (1,1%), El Salvador (0,14%) en Mexico (-0,11%).

de jaren 2010

De toegevoegde waarde van de fabricage in Centraal-Amerika bedroeg in de jaren 2010 US$224,6 miljard per jaar. Het aandeel in de wereld was 1,8%, en 7,4% in Amerika.

Het aandeel van de fabricage in de economie van Centraal-Amerika was 16,8% in de jaren 2010, en was vergelijkbaar met India (16,8%), Cambodja (16,8%), de Wereld (16,8%).

De waarde van de fabricage per hoofd in Centraal-Amerika was $1.339,0 in de jaren 2010s, en was vergelijkbaar met Costa Rica (US$1.324,0). De waarde van de fabricage per hoofd in Centraal-Amerika was 21,1% lager dan de fabricage per hoofd van de bevolking in de wereld ($1.697,4), en was in 2,3 keer lager dan de fabricage per hoofd van de bevolking in Amerika ($1.697,4).

De groei van de fabricage in Centraal-Amerika bedroeg 2.9% in de jaren 2010, en was vergelijkbaar met Swaziland (2,9%), Grenada (3,0%), Mexico (3,0%). De groei van de fabricage in Centraal-Amerika (2,9%) was minder dan de groei van de fabricage in de wereld (3,9%), was groter dan de groei van de fabricage in Amerika (1,6%).

Vergelijking met subregio's. De sector van de fabricage in Centraal-Amerika was 2,9 keer groter dan in de Caraïben (US$78,1 miljard); maar 10,0 keer minder dan in Noord-Amerika (US$2,2 biljoen) en 2,1 keer minder dan in Zuid-Amerika (US$480,0 miljard). De sector van de fabricage per hoofd in Centraal-Amerika was in Centraal-Amerika14,4% groter dan in Zuid-Amerika (US$1.170,9); maar 4,7 keer minder dan in Noord-Amerika (US$6,3 duizend) en 29,0% minder dan in de Caraïben (US$1.885,7). De groei van de fabricage in Centraal-Amerika was groter dan in Noord-Amerika (1,9%), in de Caraïben (0,042%) en in Zuid-Amerika (-0,63%).

Leiders. De toegevoegde waarde van de fabricage in Centraal-Amerika in de jaren 2010 bestond uit: Mexico (88,0%), Guatemala (3,8%), Costa Rica (2,8%), El Salvador (1,7%), Honduras (1,6%), en andere (2,2%). Het aandeel van de fabricage in economie van de leiders: El Salvador (17,7%), Honduras (17,6%), Mexico (17,4%), Guatemala (15,0%) en Costa Rica (13,4%). De toegevoegde waarde van de fabricage per hoofd in Centraal-Amerika onder de leiders: Mexico ($1.633,1), Costa Rica ($1.324,0), El Salvador ($587,6), Guatemala ($524,9) en Honduras ($388,1). De groei van de fabricage onder de leiders: Honduras (3,4%), Guatemala (3,2%), Mexico (3,0%), Costa Rica (2,0%) en El Salvador (1,8%).

Hoofdstuk VI. Constructie

(ISIC F)

De waarde van de constructie in Centraal-Amerika steeg van US$9,0 miljard per jaar in de jaren 1970 tot US$105,6 miljard per jaar in de jaren 2010, dat wil zeggen met US$96,6 miljard of 11,8 keer. De verandering vond plaats op US$84,1 miljard als gevolg van een 4,9-voudige stijging van de prijzen, en ook op US$2,5 miljard als gevolg van een 1,1-voudige toename van de productiviteit , evenals op US$10,1 miljard als gevolg van de toename van de bevolking. De gemiddelde jaarlijkse groei van de constructie is 2,4%. De minimumwaarde van de constructie bedroeg US$3,8 miljard in 1971. De maximumwaarde van de constructie bedroeg US$120,7 miljard in 2019.

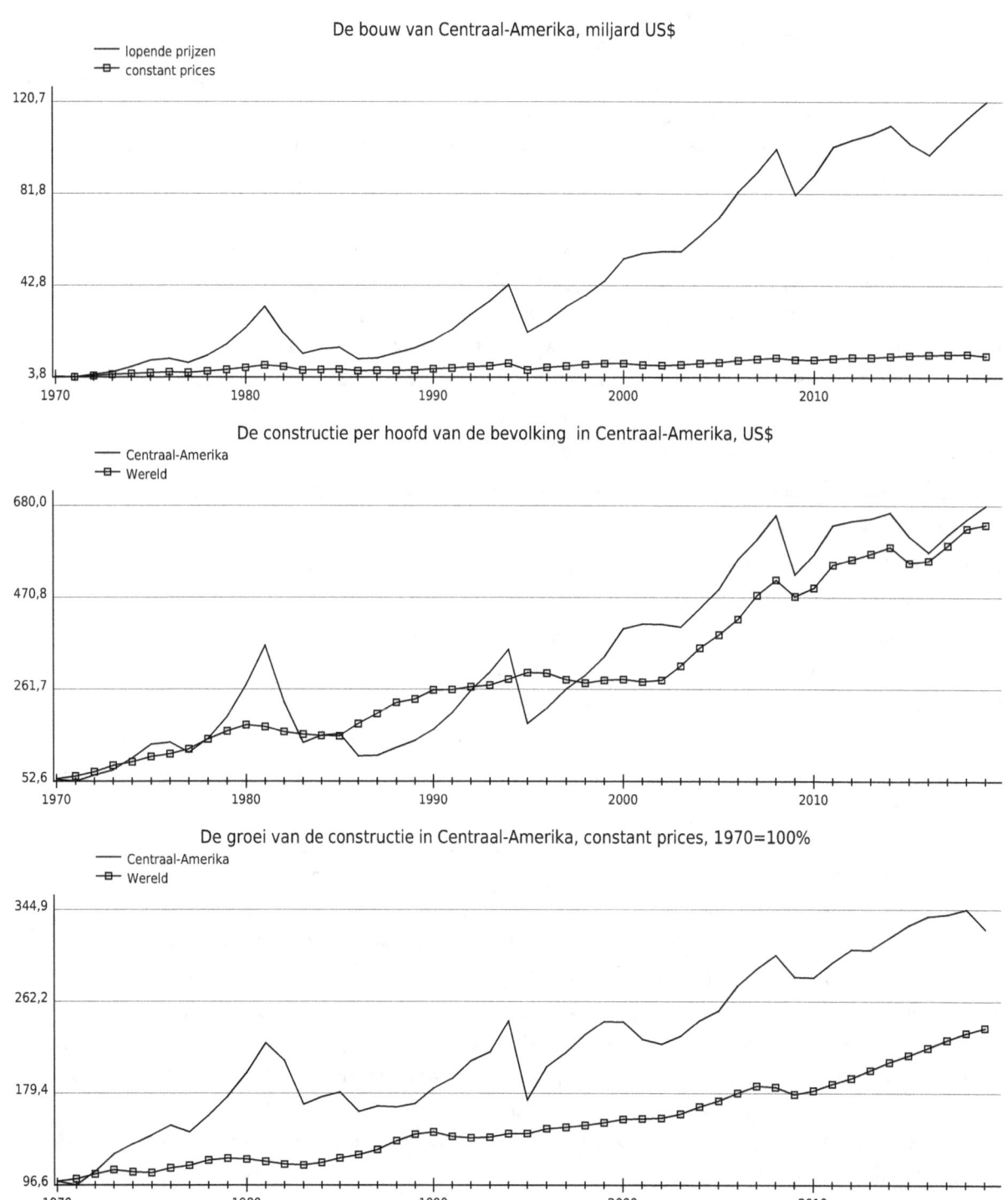

De bouw van Centraal-Amerika, miljard US$

De constructie per hoofd van de bevolking in Centraal-Amerika, US$

De groei van de constructie in Centraal-Amerika, constant prices, 1970=100%

Het aandeel van de constructie in de economie van Centraal-Amerika, %

— Centraal-Amerika
-□- Wereld

de jaren 1970

De bouw van Centraal-Amerika bedroeg in de jaren 1970 US$9,0 miljard per jaar, en was vergelijkbaar met Oceanië (US$8,9 miljard). Het aandeel in de wereld was 2,1%, en 7,4% in Amerika.

Het aandeel van de constructie in de economie van Centraal-Amerika was 8,0% in de jaren 1970, en was vergelijkbaar met Griekenland (8,0%), Japan (8,0%), Europa (7,9%).

De waarde van de constructie per hoofd in Centraal-Amerika was $113,4 in de jaren 1970s, en was vergelijkbaar met Suriname (US$113,2), Albanië (US$111,8), Anguilla (US$110,8). De toegevoegde waarde van de constructie per hoofd in Centraal-Amerika was 6,9% hoger dan de constructie per hoofd van de bevolking in de wereld ($106,1), en was 47,9% lager dan de constructie per hoofd van de bevolking in Amerika ($106,1).

De groei van de constructie in Centraal-Amerika bedroeg 6.5% in de jaren 1970, en was vergelijkbaar met Mexico (6,4%), de Sovjet-Unie (6,5%), Myanmar (6,5%). De groei van de constructie in Centraal-Amerika (6,5%) was groter dan de groei van de constructie in de wereld (2,1%), was groter dan de groei van de constructie in Amerika (1,5%).

Vergelijking met subregio's. De waarde van de constructie in Centraal-Amerika was groter dan in de Caraïben (US$2,2 miljard); maar minder dan in Noord-Amerika (US$93,3 miljard) en in Zuid-Amerika (US$17,3 miljard). De waarde van de constructie per hoofd in Centraal-Amerika was in Centraal-Amerika groter dan in de Caraïben (US$84,1) en in Zuid-Amerika (US$81,0); maar minder dan in Noord-Amerika (US$386,9). De groei van de constructie in Centraal-Amerika was groter dan in de Caraïben (2,6%) en in Noord-Amerika (0,50%); maar minder dan in Zuid-Amerika (7,3%).

Leiders. De waarde van de constructie in Centraal-Amerika in de jaren 1970 bestond uit: Mexico (92,8%), Costa Rica (2,1%), Nicaragua (1,3%), Panama (1,1%), Guatemala (1,0%), en andere (1,7%). Het aandeel van de constructie in economie van de leiders: Mexico (8,4%), Costa Rica (7,6%), Nicaragua (5,7%), Panama (4,5%) en Guatemala (3,0%). De sector van de constructie per hoofd in Centraal-Amerika onder de leiders: Mexico ($141,6), Costa Rica ($90,7), Panama ($55,8), Nicaragua ($42,7) en Guatemala ($14,3). De groei van de constructie onder de leiders: Guatemala (14,3%), Costa Rica (11,5%), Mexico (6,4%), Panama (4,6%) en Nicaragua (-11,7%).

de jaren 1980

De sector van de constructie in Centraal-Amerika bedroeg in de jaren 1980 US$18,0 miljard per jaar. Het aandeel in de wereld was 2,0%, en 6,9% in Amerika.

Het aandeel van de constructie in de economie van Centraal-Amerika was 6,8% in de jaren 1980, en was vergelijkbaar met Botswana (6,8%), Roemenië (6,9%).

De constructie per hoofd in Centraal-Amerika was $178,0 in de jaren 1980s, en was vergelijkbaar met Argentinië (US$177,3), Hongarije (US$175,9), Zuid-Korea (US$180,7). De toegevoegde waarde van de constructie per hoofd in Centraal-Amerika was 4,4% lager dan de constructie per hoofd van de bevolking in de wereld ($186,2), en was in 2,2 keer lager dan de constructie per hoofd van de bevolking in Amerika ($186,2).

De groei van de constructie in Centraal-Amerika bedroeg -0.4% in de jaren 1980. De groei van de constructie in Centraal-Amerika (-0,36%) was minder dan de groei van de constructie in de wereld (1,7%), was minder dan de groei van de constructie in Amerika

(0,83%).

Vergelijking met subregio's. De sector van de constructie in Centraal-Amerika was groter dan in de Caraïben (US$4,4 miljard); maar minder dan in Noord-Amerika (US$205,0 miljard) en in Zuid-Amerika (US$35,4 miljard). De bouw per hoofd in Centraal-Amerika was in Centraal-Amerika groter dan in de Caraïben (US$143,1) en in Zuid-Amerika (US$133,6); maar minder dan in Noord-Amerika (US$772,7). De groei van de constructie in Centraal-Amerika was groter dan in Zuid-Amerika (-1,6%); maar minder dan in de Caraïben (3,4%) en in Noord-Amerika (1,3%).

Leiders. De constructie van Centraal-Amerika in de jaren 1980 bestond uit: Mexico (93,4%), Honduras (1,4%), Costa Rica (1,3%), Guatemala (1,3%), Panama (0,95%), en andere (1,6%). Het aandeel van de constructie in economie van de leiders: Mexico (7,1%), Honduras (6,0%), Costa Rica (5,2%), Guatemala (3,3%) en Panama (3,0%). De sector van de constructie per hoofd in Centraal-Amerika onder de leiders: Mexico ($224,0), Costa Rica ($88,2), Panama ($78,1), Honduras ($59,9) en Guatemala ($28,2). De groei van de constructie onder de leiders: Honduras (3,1%), Mexico (-0,25%), Costa Rica (-1,7%), Guatemala (-2,5%) en Panama (-13,6%).

de jaren 1990

De sector van de constructie in Centraal-Amerika bedroeg in de jaren 1990 US$32,1 miljard per jaar, en was vergelijkbaar met Canada (US$31,8 miljard). Het aandeel in de wereld was 2,0%, en 7,4% in Amerika.

Het aandeel van de constructie in de economie van Centraal-Amerika was 6,6% in de jaren 1990, en was vergelijkbaar met Saoedi-Arabië (6,6%), de Kaaimaneilanden (6,6%), Zwitserland (6,6%).

De toegevoegde waarde van de constructie per hoofd in Centraal-Amerika was $259,9 in de jaren 1990s, en was vergelijkbaar met Zuidwest-Azië (US$261,7), Turkije (US$255,0). De waarde van de constructie per hoofd in Centraal-Amerika was 6,7% lager dan de constructie per hoofd van de bevolking in de wereld ($278,6), en was in 2,2 keer lager dan de constructie per hoofd van de bevolking in Amerika ($278,6).

De groei van de constructie in Centraal-Amerika bedroeg 3.7% in de jaren 1990, en was vergelijkbaar met de Verenigde Arabische Emiraten (3,7%). De groei van de constructie in Centraal-Amerika (3,7%) was groter dan de groei van de constructie in de wereld (0,71%), was groter dan de groei van de constructie in Amerika (1,8%).

Vergelijking met subregio's. De bouw van Centraal-Amerika was groter dan in de Caraïben (US$6,2 miljard); maar minder dan in Noord-Amerika (US$331,2 miljard) en in Zuid-Amerika (US$65,7 miljard). De constructie per hoofd in Centraal-Amerika was in Centraal-Amerika groter dan in Zuid-Amerika (US$205,6) en in de Caraïben (US$177,3); maar minder dan in Noord-Amerika (US$1.128,2). De groei van de constructie in Centraal-Amerika was groter dan in Zuid-Amerika (2,1%), in Noord-Amerika (1,6%) en in de Caraïben (0,11%).

Leiders. De sector van de constructie in Centraal-Amerika in de jaren 1990 bestond uit: Mexico (93,8%), Guatemala (1,4%), Costa Rica (1,3%), El Salvador (1,1%), Honduras (0,90%), en andere (1,5%). Het aandeel van de constructie in economie van de leiders: Mexico (6,9%), Honduras (6,4%), El Salvador (4,6%), Costa Rica (4,3%) en Guatemala (4,1%). De toegevoegde waarde van de constructie per hoofd in Centraal-Amerika onder de leiders: Mexico ($331,2), Costa Rica ($118,4), El Salvador ($61,5), Honduras ($50,9) en Guatemala ($44,0). De groei van de constructie onder de leiders: El Salvador (9,8%), Guatemala (5,1%), Costa Rica (4,1%), Mexico (3,4%) en Honduras (0,87%).

de jaren 2000

De constructie van Centraal-Amerika bedroeg in de jaren 2000 US$71,6 miljard per jaar. Het aandeel in de wereld was 2,9%, en 8,8% in Amerika.

Het aandeel van de constructie in de economie van Centraal-Amerika was 7,8% in de jaren 2000, en was vergelijkbaar met Zuid-Europa (7,7%), Ierland (7,7%), Turkmenistan (7,7%).

De sector van de constructie per hoofd in Centraal-Amerika was $493,5 in de jaren 2000s, en was vergelijkbaar met Brunei (US$493,5), Libië (US$494,5), Polynesië (US$497,9). De waarde van de constructie per hoofd in Centraal-Amerika was 29,4% hoger dan de constructie per hoofd van de bevolking in de wereld ($381,3), en was 47,0% lager dan de constructie per hoofd van de bevolking in Amerika ($381,3).

De groei van de constructie in Centraal-Amerika bedroeg 1.5% in de jaren 2000, en was vergelijkbaar met de Wereld (1,5%). De groei van de constructie in Centraal-Amerika (1,5%) was minder dan de groei van de constructie in de wereld (1,5%), was groter dan de groei van de constructie in Amerika (-0,96%).

Vergelijking met subregio's. De waarde van de constructie in Centraal-Amerika was groter dan in de Caraïben (US$12,0 miljard); maar minder dan in Noord-Amerika (US$647,3 miljard) en in Zuid-Amerika (US$87,1 miljard). De constructie per hoofd in Centraal-Amerika was in Centraal-Amerika groter dan in de Caraïben (US$311,9) en in Zuid-Amerika (US$236,2); maar minder dan in Noord-Amerika (US$1.985,0). De groei van de constructie in Centraal-Amerika was groter dan in Noord-Amerika (-2,1%); maar minder dan in Zuid-Amerika (3,5%) en in de Caraïben (2,0%).

Leiders. De toegevoegde waarde van de constructie in Centraal-Amerika in de jaren 2000 bestond uit: Mexico (93,0%), Guatemala (1,9%), Panama (1,4%), Costa Rica (1,4%), El Salvador (1,00%), en andere (1,3%). Het aandeel van de constructie in economie van de leiders: Mexico (8,0%), Panama (6,3%), Guatemala (5,4%), El Salvador (5,3%) en Costa Rica (5,2%). De toegevoegde waarde van de constructie per hoofd in Centraal-Amerika onder de leiders: Mexico ($631,4), Panama ($308,3), Costa Rica ($235,7), El Salvador ($118,1) en Guatemala ($102,9). De groei van de constructie onder de leiders: Panama (7,9%), Costa Rica (7,7%), El Salvador (2,8%), Mexico (1,3%) en Guatemala (0,58%).

de jaren 2010

De toegevoegde waarde van de constructie in Centraal-Amerika bedroeg in de jaren 2010 US$105,6 miljard per jaar, en was vergelijkbaar met Brazilië (US$107,3 miljard). Het aandeel in de wereld was 2,5%, en 9,1% in Amerika.

Het aandeel van de constructie in de economie van Centraal-Amerika was 7,9% in de jaren 2010, en was vergelijkbaar met Sri Lanka (7,9%), Mexico (7,8%), Ghana (7,8%).

De constructie per hoofd in Centraal-Amerika was $629,5 in de jaren 2010s, en was vergelijkbaar met Roemenië (US$627,1), Kazachstan (US$640,9), Ecuador (US$644,0). De constructie per hoofd in Centraal-Amerika was 10,0% hoger dan de constructie per hoofd van de bevolking in de wereld ($572,1), en was 47,1% lager dan de constructie per hoofd van de bevolking in Amerika ($572,1).

De groei van de constructie in Centraal-Amerika bedroeg 1.4% in de jaren 2010, en was vergelijkbaar met de Verenigde Staten (1,4%). De groei van de constructie in Centraal-Amerika (1,4%) was minder dan de groei van de constructie in de wereld (2,9%), was groter dan de groei van de constructie in Amerika (1,3%).

Vergelijking met subregio's. De sector van de constructie in Centraal-Amerika was 5,1 keer groter dan in de Caraïben (US$20,6 miljard); maar 7,6 keer minder dan in Noord-Amerika (US$805,6 miljard) en 2,1 keer minder dan in Zuid-Amerika (US$226,9 miljard). De sector van de constructie per hoofd in Centraal-Amerika was in Centraal-Amerika13,7% groter dan in Zuid-Amerika (US$553,5) en 26,6% groter dan in de Caraïben (US$497,1); maar 3,6 keer minder dan in Noord-Amerika (US$2,3 duizend). De groei van de constructie in Centraal-Amerika was groter dan in Zuid-Amerika (0,13%); maar minder dan in de Caraïben (3,9%) en in Noord-Amerika (1,6%).

Leiders. De toegevoegde waarde van de constructie in Centraal-Amerika in de jaren 2010 bestond uit: Mexico (84,2%), Panama (7,9%), Guatemala (2,7%), Costa Rica (2,3%), El Salvador (1,2%), en andere (1,7%). Het aandeel van de constructie in economie van de leiders: Panama (17,2%), Mexico (7,8%), El Salvador (5,8%), Costa Rica (5,2%) en Guatemala (5,0%). De toegevoegde waarde van de constructie per hoofd in Centraal-Amerika onder de leiders: Panama ($2.129,1), Mexico ($734,6), Costa Rica ($510,7), El Salvador ($193,9) en Guatemala ($174,5). De groei van de constructie onder de leiders: Panama (13,4%), El Salvador (4,1%), Guatemala (1,7%), Mexico (0,53%) en Costa Rica (-0,74%).

Hoofdstuk VII. Vervoer

Transport, opslag en communicatie (ISIC I)

Het vervoer van Centraal-Amerika steeg van US$6,5 miljard per jaar in de jaren 1970 tot US$116,8 miljard per jaar in de jaren 2010, dat wil zeggen met US$110,3 miljard of 17,9 keer. De verandering vond plaats op US$80,3 miljard als gevolg van een 3,2-voudige stijging van de prijzen, en ook op US$22,7 miljard als gevolg van een 2,6-voudige toename van de productiviteit , evenals op US$7,3 miljard als gevolg van de toename van de bevolking. De gemiddelde jaarlijkse groei van het transport is 5,0%. De minimumwaarde van het transport bedroeg US$2,7 miljard in 1970. De maximumwaarde van het transport bedroeg US$127,4 miljard in 2014.

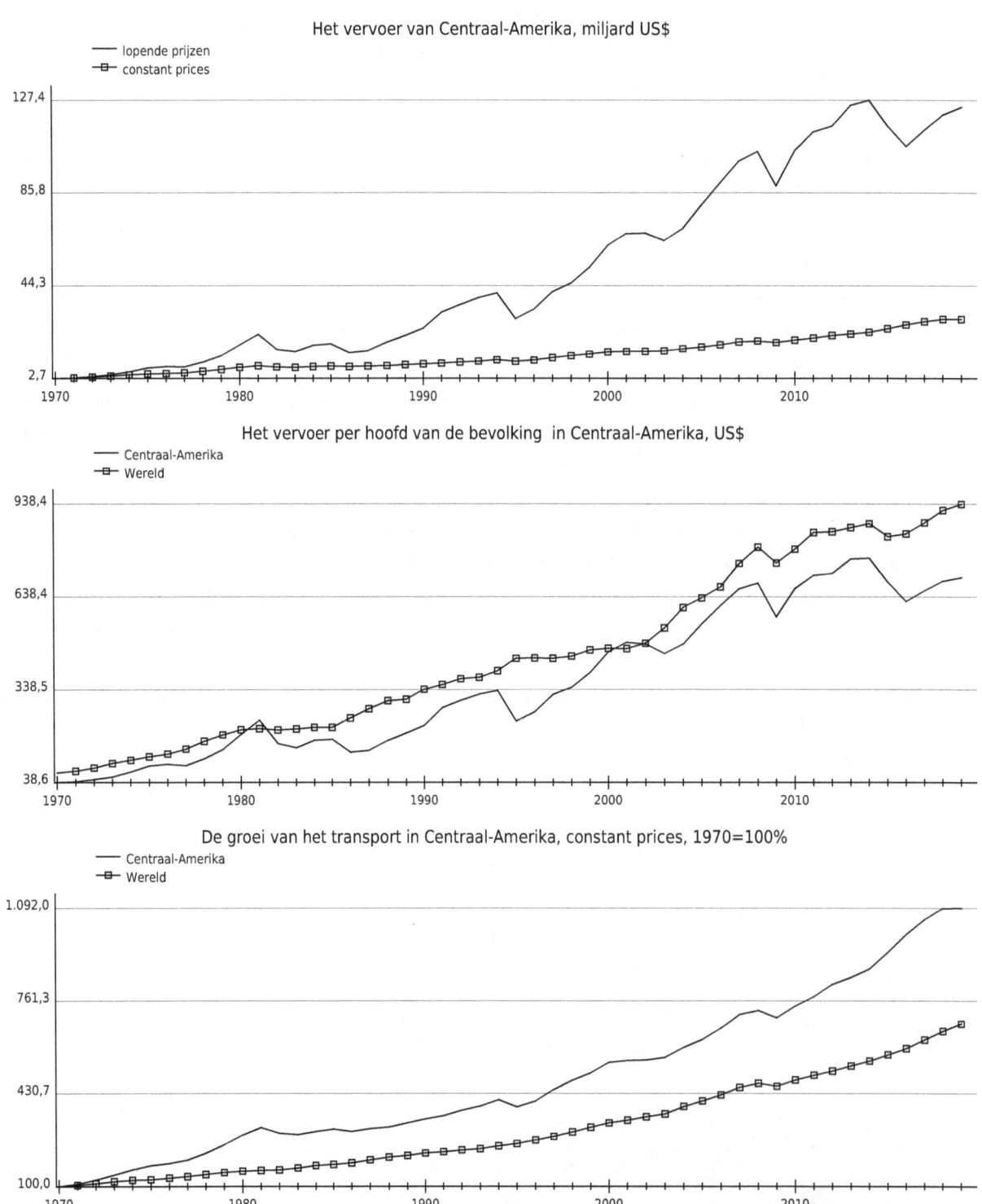

Het vervoer van Centraal-Amerika, miljard US$

— lopende prijzen
—▫— constant prices

Het vervoer per hoofd van de bevolking in Centraal-Amerika, US$

— Centraal-Amerika
—▫— Wereld

De groei van het transport in Centraal-Amerika, constant prices, 1970=100%

— Centraal-Amerika
—▫— Wereld

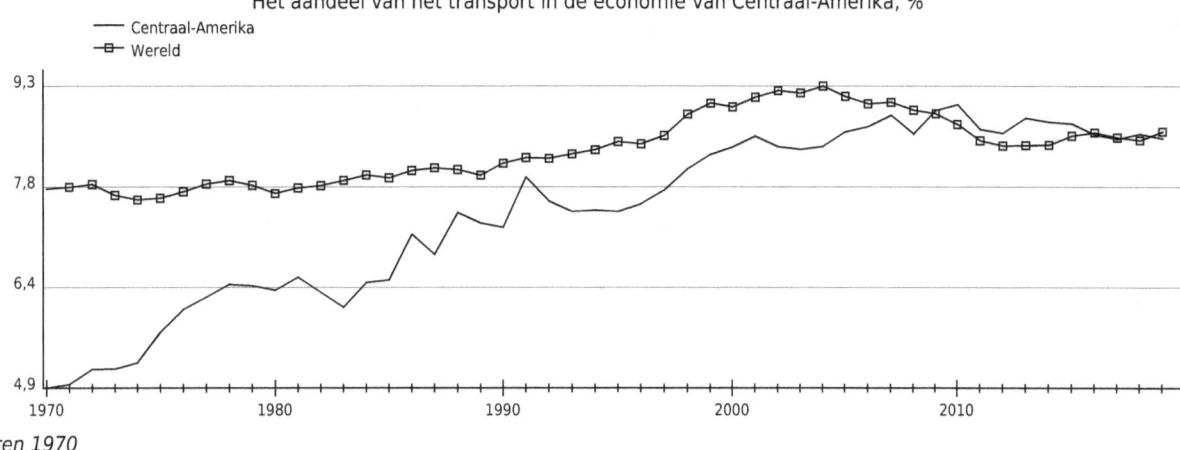

Het aandeel van het transport in de economie van Centraal-Amerika, %

de jaren 1970

De toegevoegde waarde van het transport in Centraal-Amerika bedroeg in de jaren 1970 US$6,5 miljard per jaar. Het aandeel in de wereld was 1,3%, en 3,2% in Amerika.

Het aandeel van het transport in de economie van Centraal-Amerika was 5,8% in de jaren 1970, en was vergelijkbaar met Thailand (5,8%), Senegal (5,8%).

Het transport per hoofd in Centraal-Amerika was $82,4 in de jaren 1970s, en was vergelijkbaar met Nicaragua (US$82,3), Venezuela (US$82,2), Iran (US$81,1). De waarde van het transport per hoofd in Centraal-Amerika was 32,6% lager dan het transport per hoofd van de bevolking in de wereld ($122,3), en was in 4,4 keer lager dan het transport per hoofd van de bevolking in Amerika ($122,3).

De groei van het transport in Centraal-Amerika bedroeg 10.6% in de jaren 1970, en was vergelijkbaar met de Turks- en Caicoseilanden (10,7%), Noord-Afrika (10,7%). De groei van het transport in Centraal-Amerika (10,6%) was groter dan de groei van het transport in de wereld (4,6%), was groter dan de groei van het transport in Amerika (4,9%).

Vergelijking met subregio's. De sector van het transport in Centraal-Amerika was groter dan in de Caraïben (US$2,6 miljard); maar minder dan in Noord-Amerika (US$181,3 miljard) en in Zuid-Amerika (US$11,5 miljard). De waarde van het transport per hoofd in Centraal-Amerika was in Centraal-Amerika groter dan in Zuid-Amerika (US$54,0); maar minder dan in Noord-Amerika (US$751,9) en in de Caraïben (US$99,7). De groei van het transport in Centraal-Amerika was groter dan in Zuid-Amerika (7,1%), in de Caraïben (5,5%) en in Noord-Amerika (4,3%).

Leiders. De waarde van het transport in Centraal-Amerika in de jaren 1970 bestond uit: Mexico (85,4%), Nicaragua (3,5%), Panama (2,8%), Costa Rica (2,6%), Guatemala (2,4%), en andere (3,3%). Het aandeel van het transport in economie van de leiders: Nicaragua (10,9%), Panama (8,5%), Costa Rica (6,8%), Mexico (5,6%) en Guatemala (5,1%). De sector van het transport per hoofd in Centraal-Amerika onder de leiders: Panama ($105,7), Mexico ($94,7), Nicaragua ($82,3), Costa Rica ($81,0) en Guatemala ($24,4). De groei van het transport onder de leiders: Costa Rica (11,2%), Mexico (11,1%), Panama (10,9%), Guatemala (8,2%) en Nicaragua (-0,90%).

de jaren 1980

De toegevoegde waarde van het transport in Centraal-Amerika bedroeg in de jaren 1980 US$17,6 miljard per jaar, en was vergelijkbaar met Australië (US$18,0 miljard). Het aandeel in de wereld was 1,5%, en 3,7% in Amerika.

Het aandeel van het transport in de economie van Centraal-Amerika was 6,7% in de jaren 1980, en was vergelijkbaar met Colombia (6,6%), Oost-Afrika (6,6%).

De toegevoegde waarde van het transport per hoofd in Centraal-Amerika was $174,2 in de jaren 1980s, en was vergelijkbaar met Congo (US$176,1), Grenada (US$176,7). De toegevoegde waarde van het transport per hoofd in Centraal-Amerika was 28,0% lager dan het transport per hoofd van de bevolking in de wereld ($242,0), en was in 4,1 keer lager dan het transport per hoofd van de bevolking in Amerika ($242,0).

De groei van het transport in Centraal-Amerika bedroeg 2.8% in de jaren 1980, en was vergelijkbaar met Europa (2,8%), Noorwegen (2,8%). De groei van het transport in Centraal-Amerika (2,8%) was minder dan de groei van het transport in de wereld (3,4%), was minder dan de groei van het transport in Amerika (3,5%).

Vergelijking met subregio's. Het transport van Centraal-Amerika was groter dan in de Caraïben (US$5,7 miljard); maar minder dan in Noord-Amerika (US$423,2 miljard) en in Zuid-Amerika (US$27,0 miljard). De sector van het transport per hoofd in Centraal-Amerika was in Centraal-Amerika groter dan in Zuid-Amerika (US$101,7); maar minder dan in Noord-Amerika (US$1.595,3) en in de Caraïben (US$184,1). De groei van het transport in Centraal-Amerika was minder dan in de Caraïben (3,9%), in Noord-Amerika (3,6%) en in Zuid-Amerika (2,9%).

Leiders. De waarde van het transport in Centraal-Amerika in de jaren 1980 bestond uit: Mexico (86,6%), Panama (4,2%), Honduras (2,4%), Guatemala (2,0%), Costa Rica (1,9%), en andere (2,9%). Het aandeel van het transport in economie van de leiders: Panama (13,1%), Honduras (9,9%), Costa Rica (7,5%), Mexico (6,5%) en Guatemala (5,1%). De toegevoegde waarde van het transport per hoofd in Centraal-Amerika onder de leiders: Panama ($336,2), Mexico ($203,0), Costa Rica ($125,4), Honduras ($99,6) en Guatemala ($44,0). De groei van het transport onder de leiders: Honduras (5,0%), Costa Rica (4,5%), Panama (4,4%), Mexico (2,7%) en Guatemala (2,5%).

de jaren 1990

De waarde van het transport in Centraal-Amerika bedroeg in de jaren 1990 US$37,5 miljard per jaar, en was vergelijkbaar met Australazië (US$37,2 miljard), Rusland (US$38,4 miljard). Het aandeel in de wereld was 1,6%, en 4,4% in Amerika.

Het aandeel van het transport in de economie van Centraal-Amerika was 7,8% in de jaren 1990, en was vergelijkbaar met Mexico (7,7%), Ecuador (7,7%), Oost-Timor (7,7%).

Het transport per hoofd in Centraal-Amerika was $304,3 in de jaren 1990s, en was vergelijkbaar met Oman (US$304,1), Zuid-Afrika (US$303,7), Zuidwest-Azië (US$305,9). De waarde van het transport per hoofd in Centraal-Amerika was 25,7% lager dan het transport per hoofd van de bevolking in de wereld ($409,5), en was in 3,6 keer lager dan het transport per hoofd van de bevolking in Amerika ($409,5).

De groei van het transport in Centraal-Amerika bedroeg 4.5% in de jaren 1990, en was vergelijkbaar met Egypte (4,4%), Noorwegen (4,4%). De groei van het transport in Centraal-Amerika (4,5%) was groter dan de groei van het transport in de wereld (4,0%), was minder dan de groei van het transport in Amerika (4,7%).

Vergelijking met subregio's. De toegevoegde waarde van het transport in Centraal-Amerika was groter dan in de Caraïben (US$7,3 miljard); maar minder dan in Noord-Amerika (US$745,9 miljard) en in Zuid-Amerika (US$61,1 miljard). De toegevoegde waarde van het transport per hoofd in Centraal-Amerika was in Centraal-Amerika groter dan in de Caraïben (US$209,6) en in Zuid-Amerika (US$191,3); maar minder dan in Noord-Amerika (US$2,5 duizend). De groei van het transport in Centraal-Amerika was groter dan in Zuid-Amerika (3,2%) en in de Caraïben (2,9%); maar minder dan in Noord-Amerika (4,9%).

Leiders. De toegevoegde waarde van het transport in Centraal-Amerika in de jaren 1990 bestond uit: Mexico (90,3%), Panama (2,9%), Costa Rica (1,8%), El Salvador (1,6%), Guatemala (1,6%), en andere (1,8%). Het aandeel van het transport in economie van de leiders: Panama (13,1%), El Salvador (7,9%), Mexico (7,7%), Costa Rica (7,0%) en Guatemala (5,3%). Het vervoer per hoofd in Centraal-Amerika onder de leiders: Panama ($407,7), Mexico ($373,0), Costa Rica ($193,8), El Salvador ($106,8) en Guatemala ($57,3). De groei van het transport onder de leiders: El Salvador (11,5%), Guatemala (6,0%), Panama (5,2%), Mexico (4,4%) en Costa Rica (1,8%).

de jaren 2000

De toegevoegde waarde van het transport in Centraal-Amerika bedroeg in de jaren 2000 US$79,6 miljard per jaar, en was vergelijkbaar met Zuidoost-Azië (US$79,9 miljard), Canada (US$78,6 miljard). Het aandeel in de wereld was 2,0%, en 5,4% in Amerika.

Het aandeel van het transport in de economie van Centraal-Amerika was 8,6% in de jaren 2000, en was vergelijkbaar met Spanje (8,6%), de Salomonseilanden (8,6%), Iran (8,7%).

De sector van het transport per hoofd in Centraal-Amerika was $548,7 in de jaren 2000s, en was vergelijkbaar met Saoedi-Arabië (US$549,7). De sector van het transport per hoofd in Centraal-Amerika was 11,7% lager dan het transport per hoofd van de bevolking in de wereld ($621,1), en was in 3,1 keer lager dan het transport per hoofd van de bevolking in Amerika ($621,1).

De groei van het transport in Centraal-Amerika bedroeg 3.3% in de jaren 2000. De groei van het transport in Centraal-Amerika (3,3%) was minder dan de groei van het transport in de wereld (3,9%), was groter dan de groei van het transport in Amerika (3,2%).

Vergelijking met subregio's. De sector van het transport in Centraal-Amerika was groter dan in de Caraïben (US$14,6 miljard); maar minder dan in Noord-Amerika (US$1,3 biljoen) en in Zuid-Amerika (US$125,5 miljard). Het vervoer per hoofd in Centraal-Amerika was in Centraal-Amerika groter dan in de Caraïben (US$378,4) en in Zuid-Amerika (US$340,1); maar minder dan in Noord-Amerika (US$3,9 duizend). De groei van het transport in Centraal-Amerika was groter dan in Noord-Amerika (3,1%); maar minder dan in Zuid-Amerika (4,6%) en in de Caraïben (4,5%).

Leiders. De waarde van het transport in Centraal-Amerika in de jaren 2000 bestond uit: Mexico (89,7%), Panama (3,2%), Guatemala (2,1%), Costa Rica (1,8%), El Salvador (1,6%), en andere (1,5%). Het aandeel van het transport in economie van de leiders: Panama (15,9%), El Salvador (9,6%), Mexico (8,6%), Costa Rica (7,4%) en Guatemala (6,7%). De sector van het transport per hoofd in Centraal-Amerika onder de leiders: Panama ($782,5), Mexico ($677,3), Costa Rica ($336,2), El Salvador ($213,7) en Guatemala ($127,6). De groei van het transport onder de leiders: Guatemala (11,6%), Panama (8,8%), Costa Rica (8,1%), El Salvador (2,6%) en Mexico (2,6%).

de jaren 2010

De waarde van het transport in Centraal-Amerika bedroeg in de jaren 2010 US$116,8 miljard per jaar, en was vergelijkbaar met Australazië (US$117,4 miljard), Canada (US$119,6 miljard). Het aandeel in de wereld was 1,8%, en 5,0% in Amerika.

Het aandeel van het transport in de economie van Centraal-Amerika was 8,7% in de jaren 2010, en was vergelijkbaar met Noord-Afrika (8,7%), Madagaskar (8,7%), Egypte (8,8%).

De sector van het transport per hoofd in Centraal-Amerika was $696,3 in de jaren 2010s, en was vergelijkbaar met Oost-Azië (US$710,0). De sector van het transport per hoofd in Centraal-Amerika was 19,5% lager dan het transport per hoofd van de bevolking in de wereld ($864,8), en was in 3,4 keer lager dan het transport per hoofd van de bevolking in Amerika ($864,8).

De groei van het transport in Centraal-Amerika bedroeg 4.5% in de jaren 2010, en was vergelijkbaar met Servië (4,5%), Sao Tomé en Principe (4,5%). De groei van het transport in Centraal-Amerika (4,5%) was groter dan de groei van het transport in de wereld (4,0%), was minder dan de groei van het transport in Amerika (4,7%).

Vergelijking met subregio's. De sector van het transport in Centraal-Amerika was 4,8 keer groter dan in de Caraïben (US$24,4 miljard); maar 16,3 keer minder dan in Noord-Amerika (US$1,9 biljoen) en 2,3 keer minder dan in Zuid-Amerika (US$271,4 miljard). De waarde van het transport per hoofd in Centraal-Amerika was in Centraal-Amerika5,2% groter dan in Zuid-Amerika (US$662,0) en 18,2% groter dan in de Caraïben (US$589,0); maar 7,7 keer minder dan in Noord-Amerika (US$5,4 duizend). De groei van het transport in Centraal-Amerika was groter dan in de Caraïben (2,8%) en in Zuid-Amerika (2,4%); maar minder dan in Noord-Amerika (5,0%).

Leiders. Het transport van Centraal-Amerika in de jaren 2010 bestond uit: Mexico (83,9%), Panama (5,3%), Costa Rica (3,7%), Guatemala (3,7%), El Salvador (1,6%), en andere (1,8%). Het aandeel van het transport in economie van de leiders: Panama (12,6%), Costa Rica (9,1%), El Salvador (8,8%), Mexico (8,6%) en Guatemala (7,7%). De sector van het transport per hoofd in Centraal-Amerika onder de leiders: Panama ($1.560,9), Costa Rica ($899,2), Mexico ($810,1), El Salvador ($291,7) en Guatemala ($268,0). De groei van het transport onder de leiders: Costa Rica (7,0%), Panama (5,1%), Mexico (4,5%), Guatemala (3,7%) en El Salvador (1,3%).

Hoofdstuk VIII. Handel

Groothandel, detailhandel, restaurants en hotels (ISIC G-H)

De sector van de handel in Centraal-Amerika steeg van US$27,2 miljard per jaar in de jaren 1970 tot US$278,2 miljard per jaar in de jaren 2010, dat wil zeggen met US$251,1 miljard of 10,2 keer. De verandering vond plaats op US$189,4 miljard als gevolg van een 3,1-voudige stijging van de prijzen, en ook op US$31,2 miljard als gevolg van een 1,5-voudige toename van de productiviteit , evenals op US$30,5 miljard als gevolg van de toename van de bevolking. De gemiddelde jaarlijkse groei van de handel is 3,3%. De minimumwaarde van de handel bedroeg US$13,5 miljard in 1970. De maximumwaarde van de handel bedroeg US$317,1 miljard in 2019.

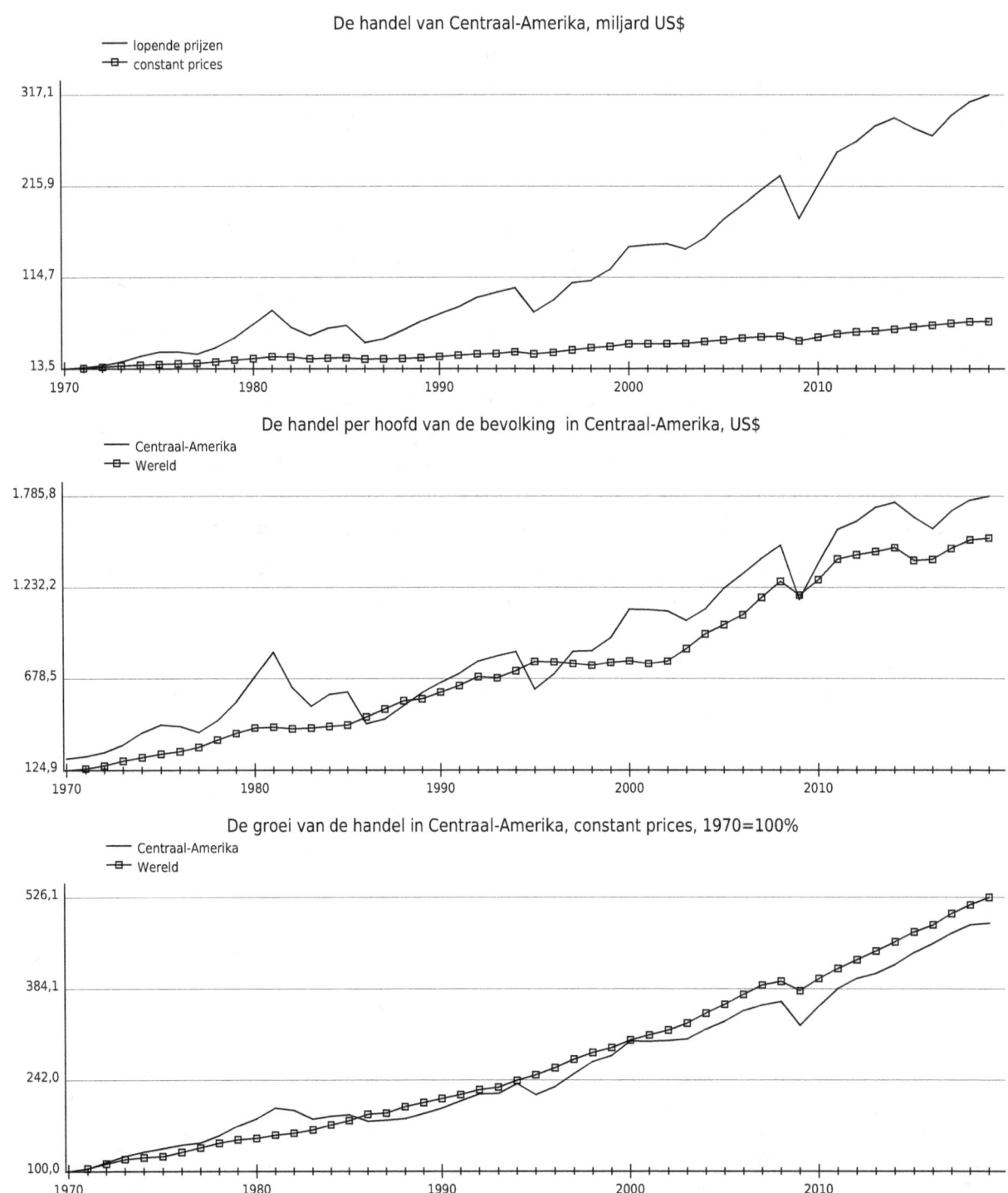

De handel van Centraal-Amerika, miljard US$

De handel per hoofd van de bevolking in Centraal-Amerika, US$

De groei van de handel in Centraal-Amerika, constant prices, 1970=100%

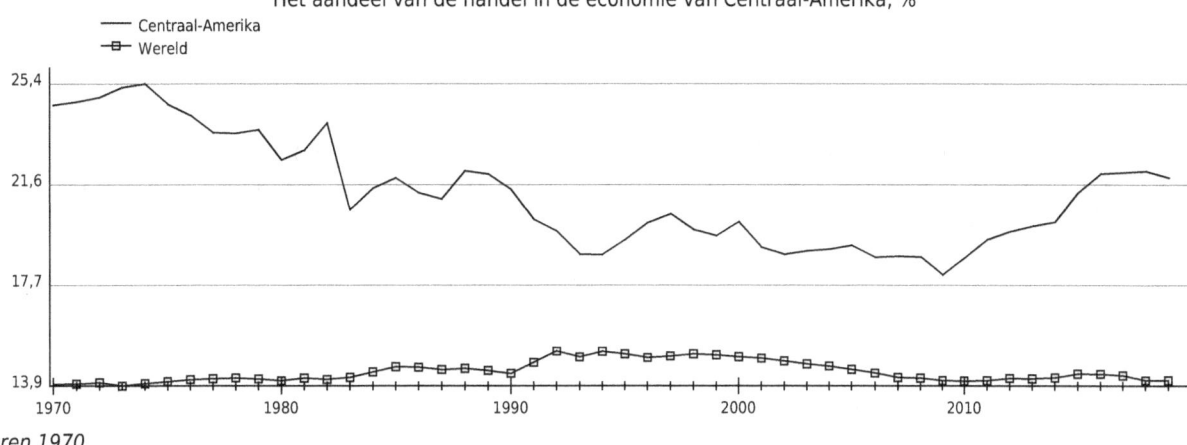

Het aandeel van de handel in de economie van Centraal-Amerika, %

— Centraal-Amerika
-□- Wereld

de jaren 1970

De toegevoegde waarde van de handel in Centraal-Amerika bedroeg in de jaren 1970 US$27,2 miljard per jaar. Het aandeel in de wereld was 3,0%, en 7,4% in Amerika.

Het aandeel van de handel in de economie van Centraal-Amerika was 24,3% in de jaren 1970.

De toegevoegde waarde van de handel per hoofd in Centraal-Amerika was $343,7 in de jaren 1970s, en was vergelijkbaar met Gambia (US$345,9). De sector van de handel per hoofd in Centraal-Amerika was 55,5% hoger dan de handel per hoofd van de bevolking in de wereld ($221,0), en was 47,5% lager dan de handel per hoofd van de bevolking in Amerika ($221,0).

De groei van de handel in Centraal-Amerika bedroeg 6.1% in de jaren 1970, en was vergelijkbaar met Luxemburg (6,0%), Colombia (6,1%), China (6,1%). De groei van de handel in Centraal-Amerika (6,1%) was groter dan de groei van de handel in de wereld (4,5%), was groter dan de groei van de handel in Amerika (4,4%).

Vergelijking met subregio's. De sector van de handel in Centraal-Amerika was groter dan in de Caraïben (US$7,5 miljard); maar minder dan in Noord-Amerika (US$299,9 miljard) en in Zuid-Amerika (US$32,0 miljard). De sector van de handel per hoofd in Centraal-Amerika was in Centraal-Amerika groter dan in de Caraïben (US$281,9) en in Zuid-Amerika (US$150,3); maar minder dan in Noord-Amerika (US$1.243,5). De groei van de handel in Centraal-Amerika was groter dan in Zuid-Amerika (5,6%), in de Caraïben (4,0%) en in Noord-Amerika (4,0%).

Leiders. De sector van de handel in Centraal-Amerika in de jaren 1970 bestond uit: Mexico (91,2%), Guatemala (1,8%), Costa Rica (1,8%), El Salvador (1,6%), Panama (1,4%), en andere (2,3%). Het aandeel van de handel in economie van de leiders: El Salvador (26,1%), Mexico (25,0%), Costa Rica (19,7%), Panama (17,2%) en Guatemala (16,0%). De sector van de handel per hoofd in Centraal-Amerika onder de leiders: Mexico ($421,7), Costa Rica ($235,1), Panama ($214,6), El Salvador ($104,2) en Guatemala ($76,8). De groei van de handel onder de leiders: Mexico (6,3%), El Salvador (5,6%), Costa Rica (5,5%), Guatemala (5,3%) en Panama (4,6%).

de jaren 1980

De sector van de handel in Centraal-Amerika bedroeg in de jaren 1980 US$58,1 miljard per jaar. Het aandeel in de wereld was 2,7%, en 6,9% in Amerika.

Het aandeel van de handel in de economie van Centraal-Amerika was 22,0% in de jaren 1980, en was vergelijkbaar met Mongolië (22,1%).

De handel per hoofd in Centraal-Amerika was $574,5 in de jaren 1980s, en was vergelijkbaar met Argentinië (US$571,3). De handel per hoofd in Centraal-Amerika was 31,2% hoger dan de handel per hoofd van de bevolking in de wereld ($437,7), en was in 2,2 keer lager dan de handel per hoofd van de bevolking in Amerika ($437,7).

De groei van de handel in Centraal-Amerika bedroeg 1.1% in de jaren 1980, en was vergelijkbaar met Haïti (1,1%), Portugal (1,1%). De groei van de handel in Centraal-Amerika (1,1%) was minder dan de groei van de handel in de wereld (3,3%), was minder dan de groei van de handel in Amerika (3,5%).

Vergelijking met subregio's. De sector van de handel in Centraal-Amerika was groter dan in de Caraïben (US$15,5 miljard); maar minder dan in Noord-Amerika (US$703,6 miljard) en in Zuid-Amerika (US$62,6 miljard). De toegevoegde waarde van de handel per hoofd in Centraal-Amerika was in Centraal-Amerika groter dan in de Caraïben (US$503,5) en in Zuid-Amerika (US$236,0); maar minder dan in Noord-Amerika (US$2,7 duizend). De groei van de handel in Centraal-Amerika was groter dan in Zuid-Amerika (1,0%); maar minder dan in Noord-Amerika (4,3%) en in de Caraïben (2,8%).

Leiders. De handel van Centraal-Amerika in de jaren 1980 bestond uit: Mexico (91,0%), Guatemala (1,9%), El Salvador (1,9%), Costa Rica (1,5%), Panama (1,4%), en andere (2,3%). Het aandeel van de handel in economie van de leiders: El Salvador (29,1%), Mexico (22,5%), Costa Rica (19,6%), Guatemala (16,1%) en Panama (14,0%). De sector van de handel per hoofd in Centraal-Amerika onder de leiders: Mexico ($703,8), Panama ($360,2), Costa Rica ($330,8), El Salvador ($227,8) en Guatemala ($138,4). De groei van de handel onder de leiders: El Salvador (1,9%), Mexico (1,3%), Costa Rica (0,90%), Guatemala (-0,26%) en Panama (-0,68%).

de jaren 1990

De handel van Centraal-Amerika bedroeg in de jaren 1990 US$95,9 miljard per jaar. Het aandeel in de wereld was 2,3%, en 6,4% in Amerika.

Het aandeel van de handel in de economie van Centraal-Amerika was 19,8% in de jaren 1990, en was vergelijkbaar met Cyprus (19,8%).

De waarde van de handel per hoofd in Centraal-Amerika was $777,6 in de jaren 1990s. De waarde van de handel per hoofd in Centraal-Amerika was 7,7% hoger dan de handel per hoofd van de bevolking in de wereld ($721,8), en was in 2,5 keer lager dan de handel per hoofd van de bevolking in Amerika ($721,8).

De groei van de handel in Centraal-Amerika bedroeg 4% in de jaren 1990, en was vergelijkbaar met Denemarken (3,9%), de Filipijnen (4,0%), Saoedi-Arabië (4,0%). De groei van de handel in Centraal-Amerika (4,0%) was groter dan de groei van de handel in de wereld (3,5%), was groter dan de groei van de handel in Amerika (3,8%).

Vergelijking met subregio's. De handel van Centraal-Amerika was groter dan in de Caraïben (US$21,2 miljard); maar minder dan in Noord-Amerika (US$1,2 biljoen) en in Zuid-Amerika (US$142,2 miljard). De sector van de handel per hoofd in Centraal-Amerika was in Centraal-Amerika groter dan in de Caraïben (US$607,0) en in Zuid-Amerika (US$445,4); maar minder dan in Noord-Amerika (US$4,2 duizend). De groei van de handel in Centraal-Amerika was groter dan in Zuid-Amerika (2,1%) en in de Caraïben (1,3%); maar minder dan in Noord-Amerika (4,2%).

Leiders. De sector van de handel in Centraal-Amerika in de jaren 1990 bestond uit: Mexico (91,7%), Guatemala (1,9%), Costa Rica (1,8%), Panama (1,5%), El Salvador (1,4%), en andere (1,5%). Het aandeel van de handel in economie van de leiders: Mexico (20,1%), El Salvador (18,4%), Costa Rica (18,1%), Panama (17,4%) en Guatemala (16,6%). De waarde van de handel per hoofd in Centraal-Amerika onder de leiders: Mexico ($968,9), Panama ($539,3), Costa Rica ($502,0), El Salvador ($247,6) en Guatemala ($180,1). De groei van de handel onder de leiders: Panama (6,9%), Guatemala (4,1%), Mexico (4,1%), Costa Rica (2,9%) en El Salvador (-2,8%).

de jaren 2000

De waarde van de handel in Centraal-Amerika bedroeg in de jaren 2000 US$174,8 miljard per jaar, en was vergelijkbaar met Zuidoost-Azië (US$175,2 miljard). Het aandeel in de wereld was 2,7%, en 7,2% in Amerika.

Het aandeel van de handel in de economie van Centraal-Amerika was 19,0% in de jaren 2000, en was vergelijkbaar met Haïti (19,0%), Panama (19,0%), Mexico (19,2%).

De handel per hoofd in Centraal-Amerika was $1.205,2 in de jaren 2000s, en was vergelijkbaar met Oman (US$1.194,3), Brunei (US$1.182,7), Letland (US$1.232,1). De handel per hoofd in Centraal-Amerika was 21,7% hoger dan de handel per hoofd van de bevolking in de wereld ($990,3), en was in 2,3 keer lager dan de handel per hoofd van de bevolking in Amerika ($990,3).

De groei van de handel in Centraal-Amerika bedroeg 1.5% in de jaren 2000. De groei van de handel in Centraal-Amerika (1,5%) was minder dan de groei van de handel in de wereld (2,7%), was minder dan de groei van de handel in Amerika (1,6%).

Vergelijking met subregio's. De toegevoegde waarde van de handel in Centraal-Amerika was groter dan in de Caraïben (US$36,7 miljard); maar minder dan in Noord-Amerika (US$2,0 biljoen) en in Zuid-Amerika (US$215,9 miljard). De toegevoegde waarde van de handel per hoofd in Centraal-Amerika was in Centraal-Amerika groter dan in de Caraïben (US$950,2) en in Zuid-Amerika (US$585,4); maar minder dan in Noord-Amerika (US$6,2 duizend). De groei van de handel in Centraal-Amerika was groter dan in Noord-Amerika (1,2%); maar minder dan in Zuid-Amerika (3,7%) en in de Caraïben (2,8%).

Leiders. De toegevoegde waarde van de handel in Centraal-Amerika in de jaren 2000 bestond uit: Mexico (91,0%), Guatemala (2,6%), Panama (1,8%), Costa Rica (1,7%), El Salvador (1,2%), en andere (1,6%). Het aandeel van de handel in economie van de leiders: Mexico (19,2%), Panama (19,0%), Guatemala (18,5%), El Salvador (15,8%) en Costa Rica (15,5%). De handel per hoofd in Centraal-Amerika onder de leiders: Mexico ($1.509,3), Panama ($935,2), Costa Rica ($703,9), Guatemala ($355,1) en El Salvador ($353,7). De groei van de handel onder de leiders: Panama (6,8%), Costa Rica (3,1%), Guatemala (2,7%), Mexico (1,2%) en El Salvador (1,1%).

de jaren 2010

De handel van Centraal-Amerika bedroeg in de jaren 2010 US$278,2 miljard per jaar, en was vergelijkbaar met Rusland (US$277,2 miljard), Italië (US$282,2 miljard). Het aandeel in de wereld was 2,6%, en 7,5% in Amerika.

Het aandeel van de handel in de economie van Centraal-Amerika was 20,8% in de jaren 2010.

De handel per hoofd in Centraal-Amerika was $1.658,8 in de jaren 2010s, en was vergelijkbaar met Mauritius (US$1.622,3), Chili (US$1.619,1). De toegevoegde waarde van de handel per hoofd in Centraal-Amerika was 15,5% hoger dan de handel per hoofd van de bevolking in de wereld ($1.436,8), en was in 2,3 keer lager dan de handel per hoofd van de bevolking in Amerika ($1.436,8).

De groei van de handel in Centraal-Amerika bedroeg 4.1% in de jaren 2010, en was vergelijkbaar met Mexico (4,1%), Saint Kitts en Nevis (4,1%), Wit-Rusland (4,1%). De groei van de handel in Centraal-Amerika (4,1%) was groter dan de groei van de handel in de wereld (3,3%), was groter dan de groei van de handel in Amerika (2,1%).

Vergelijking met subregio's. De handel van Centraal-Amerika was 4,6 keer groter dan in de Caraïben (US$60,3 miljard); maar 10,1 keer minder dan in Noord-Amerika (US$2,8 biljoen) en 49,5% minder dan in Zuid-Amerika (US$551,2 miljard). De waarde van de handel per hoofd in Centraal-Amerika was in Centraal-Amerika14,0% groter dan in de Caraïben (US$1.454,7) en 23,4% groter dan in Zuid-Amerika (US$1.344,6); maar 4,8 keer minder dan in Noord-Amerika (US$7,9 duizend). De groei van de handel in Centraal-Amerika was groter dan in de Caraïben (2,5%), in Noord-Amerika (2,3%) en in Zuid-Amerika (0,019%).

Leiders. De handel van Centraal-Amerika in de jaren 2010 bestond uit: Mexico (85,7%), Guatemala (4,6%), Panama (4,3%), Costa Rica (2,3%), Honduras (1,2%), en andere (1,9%). Het aandeel van de handel in economie van de leiders: Panama (24,4%), Guatemala (22,7%), Mexico (21,0%), Honduras (17,5%) en Costa Rica (13,4%). De waarde van de handel per hoofd in Centraal-Amerika onder de leiders: Panama ($3.014,1), Mexico ($1.970,5), Costa Rica ($1.324,9), Guatemala ($791,9) en Honduras ($384,8). De groei van de handel onder de leiders: Panama (5,5%), Mexico (4,1%), Costa Rica (3,9%), Guatemala (3,5%) en Honduras (3,3%).

Hoofdstuk IX. Diensten

(ISIC J-P)

De sector van de diensten in Centraal-Amerika steeg van US$29,3 miljard per jaar in de jaren 1970 tot US$462,8 miljard per jaar in de jaren 2010, dat wil zeggen met US$433,5 miljard of 15,8 keer. De verandering vond plaats op US$359,2 miljard als gevolg van een 4,5-voudige stijging van de prijzen, en ook op US$41,5 miljard als gevolg van een 1,7-voudige toename van de productiviteit , evenals op US$32,8 miljard als gevolg van de toename van de bevolking. De gemiddelde jaarlijkse groei van de diensten is 3,4%. De minimumwaarde van de diensten bedroeg US$15,3 miljard in 1970. De maximumwaarde van de diensten bedroeg US$506,4 miljard in 2014.

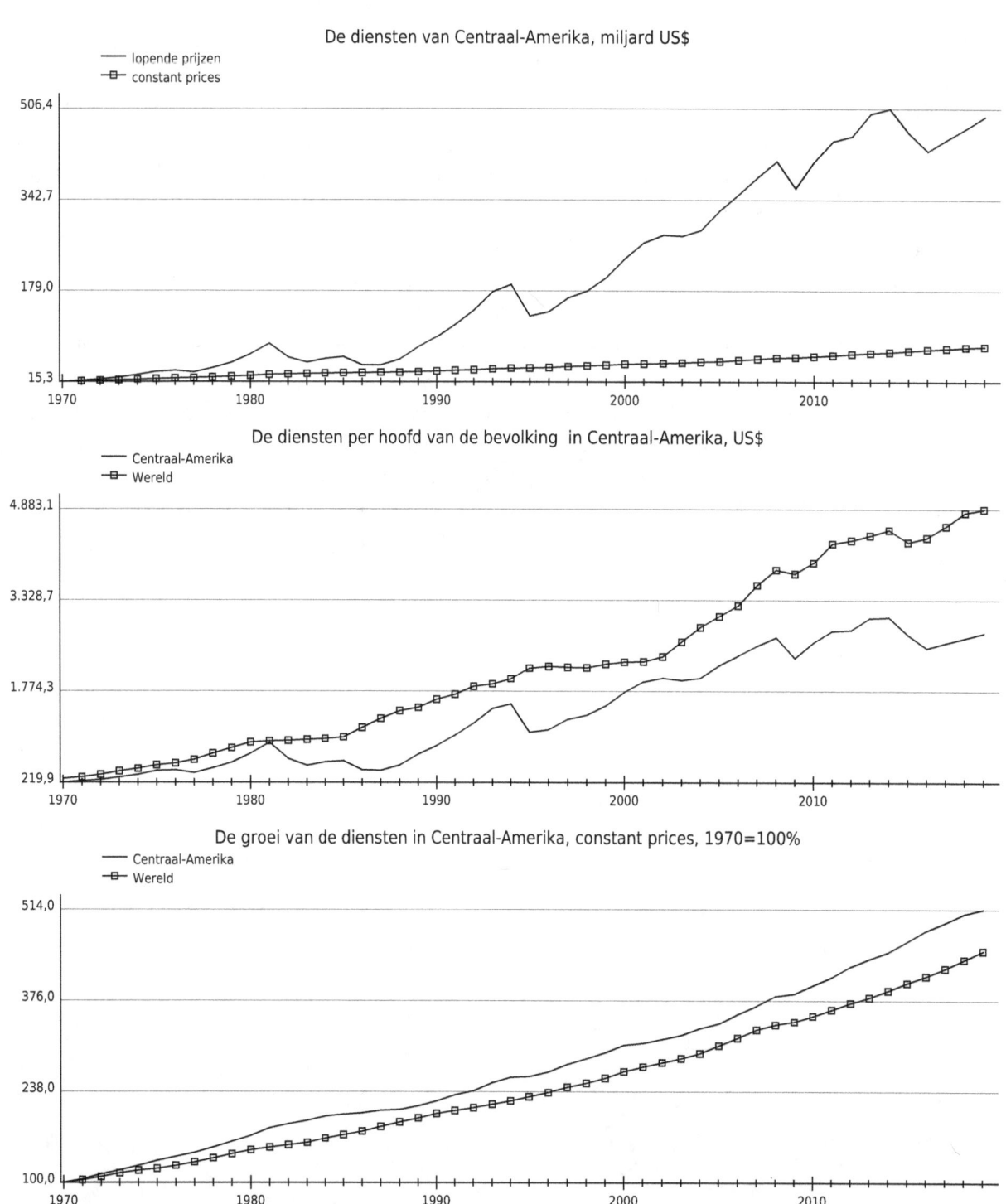

De diensten van Centraal-Amerika, miljard US$

De diensten per hoofd van de bevolking in Centraal-Amerika, US$

De groei van de diensten in Centraal-Amerika, constant prices, 1970=100%

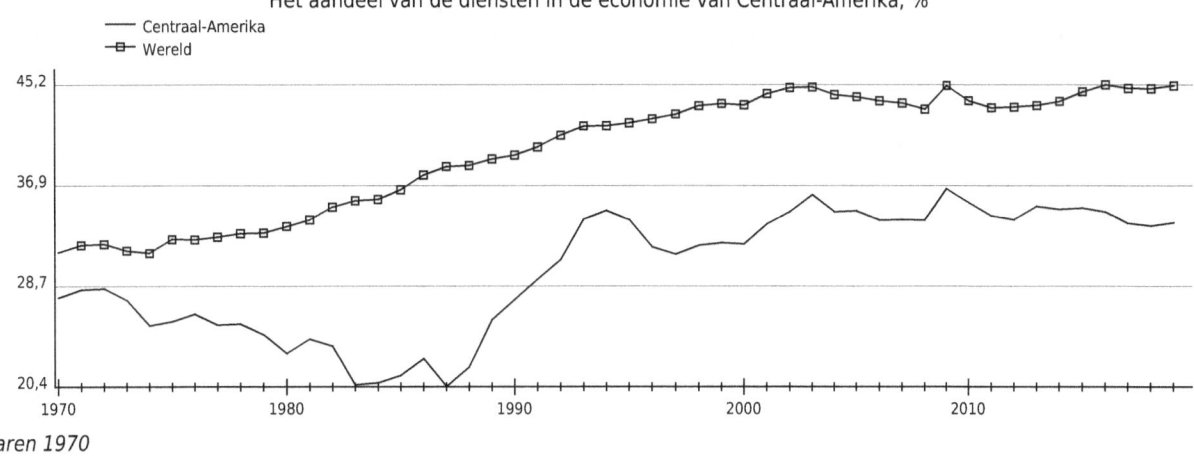

Het aandeel van de diensten in de economie van Centraal-Amerika, %

de jaren 1970

De diensten van Centraal-Amerika bedroegen in de jaren 1970 US$29,3 miljard per jaar. Het aandeel in de wereld was 1,4%, en 3,5% in Amerika.

Het aandeel van de diensten in de economie van Centraal-Amerika was 26,1% in de jaren 1970, en was vergelijkbaar met Venezuela (26,2%), Vietnam (26,0%), Centraal-Afrika (26,0%).

De toegevoegde waarde van de diensten per hoofd in Centraal-Amerika was $370,1 in de jaren 1970s, en was vergelijkbaar met Malta (US$372,5), Zuid-Afrika (US$378,7). De toegevoegde waarde van de diensten per hoofd in Centraal-Amerika was 27,0% lager dan de diensten per hoofd van de bevolking in de wereld ($506,9), en was in 4,1 keer lager dan de diensten per hoofd van de bevolking in Amerika ($506,9).

De groei van de diensten in Centraal-Amerika bedroeg 5.5% in de jaren 1970, en was vergelijkbaar met Griekenland (5,5%), China (5,5%), Afrika (5,5%). De groei van de diensten in Centraal-Amerika (5,5%) was groter dan de groei van de diensten in de wereld (4,1%), was groter dan de groei van de diensten in Amerika (3,7%).

Vergelijking met subregio's. De toegevoegde waarde van de diensten in Centraal-Amerika was groter dan in de Caraïben (US$10,5 miljard); maar minder dan in Noord-Amerika (US$731,9 miljard) en in Zuid-Amerika (US$69,7 miljard). De diensten per hoofd in Centraal-Amerika waren in Centraal-Amerika groter dan in Zuid-Amerika (US$327,0); maar minder dan in Noord-Amerika (US$3,0 duizend) en in de Caraïben (US$395,0). De groei van de diensten in Centraal-Amerika was groter dan in de Caraïben (4,9%) en in Noord-Amerika (3,3%); maar minder dan in Zuid-Amerika (6,7%).

Leiders. De toegevoegde waarde van de diensten in Centraal-Amerika in de jaren 1970 bestond uit: Mexico (86,1%), Guatemala (3,7%), Panama (3,1%), Nicaragua (2,4%), Costa Rica (2,3%), en andere (2,4%). Het aandeel van de diensten in economie van de leiders: Panama (42,1%), Guatemala (35,9%), Nicaragua (33,4%), Costa Rica (26,6%) en Mexico (25,4%). De waarde van de diensten per hoofd in Centraal-Amerika onder de leiders: Panama ($525,8), Mexico ($428,9), Costa Rica ($318,6), Nicaragua ($252,0) en Guatemala ($172,7). De groei van de diensten onder de leiders: Panama (6,5%), Mexico (5,7%), Guatemala (5,3%), Costa Rica (5,0%) en Nicaragua (-1,5%).

de jaren 1980

De diensten van Centraal-Amerika bedroegen in de jaren 1980 US$59,8 miljard per jaar. Het aandeel in de wereld was 1,1%, en 2,6% in Amerika.

Het aandeel van de diensten in de economie van Centraal-Amerika was 22,7% in de jaren 1980, en was vergelijkbaar met Ivoorkust (22,8%), Syrië (22,8%), Mali (22,8%).

De toegevoegde waarde van de diensten per hoofd in Centraal-Amerika was $591,5 in de jaren 1980s, en was vergelijkbaar met Melanesië (US$580,7), Colombia (US$605,6), Oost-Azië (US$577,2). De toegevoegde waarde van de diensten per hoofd in Centraal-Amerika was 47,0% lager dan de diensten per hoofd van de bevolking in de wereld ($1.115,5), en was in 5,8 keer lager dan de diensten per hoofd van de bevolking in Amerika ($1.115,5).

De groei van de diensten in Centraal-Amerika bedroeg 2.9% in de jaren 1980, en was vergelijkbaar met Guinee (3,0%), Micronesië (3,0%). De groei van de diensten in Centraal-Amerika (2,9%) was minder dan de groei van de diensten in de wereld (3,3%), was groter dan de groei van de diensten in Amerika (2,8%).

Vergelijking met subregio's. De waarde van de diensten in Centraal-Amerika was groter dan in de Caraïben (US$23,8 miljard); maar minder dan in Noord-Amerika (US$2,0 biljoen) en in Zuid-Amerika (US$179,0 miljard). De diensten per hoofd in Centraal-Amerika waren in Centraal-Amerika minder dan in Noord-Amerika (US$7,6 duizend), in de Caraïben (US$773,8) en in Zuid-Amerika (US$675,3). De groei van de diensten in Centraal-Amerika was groter dan in Zuid-Amerika (2,9%) en in Noord-Amerika (2,8%); maar minder dan in de Caraïben (4,2%).

Leiders. De sector van de diensten in Centraal-Amerika in de jaren 1980 bestond uit: Mexico (84,0%), Panama (4,3%), Guatemala (4,2%), Honduras (2,1%), Costa Rica (2,0%), en andere (3,4%). Het aandeel van de diensten in economie van de leiders: Panama (45,3%), Guatemala (36,3%), Honduras (29,3%), Costa Rica (25,6%) en Mexico (21,4%). De waarde van de diensten per hoofd in Centraal-Amerika onder de leiders: Panama ($1.164,6), Mexico ($669,3), Costa Rica ($431,5), Guatemala ($311,1) en Honduras ($293,7). De groei van de diensten onder de leiders: Honduras (3,3%), Mexico (3,1%), Panama (2,5%), Costa Rica (2,1%) en Guatemala (2,1%).

de jaren 1990

De sector van de diensten in Centraal-Amerika bedroeg in de jaren 1990 US$155,0 miljard per jaar, en was vergelijkbaar met Afrika (US$154,3 miljard), Australië (US$156,7 miljard). Het aandeel in de wereld was 1,4%, en 3,3% in Amerika.

Het aandeel van de diensten in de economie van Centraal-Amerika was 32,0% in de jaren 1990, en was vergelijkbaar met Kroatië (32,0%), Tsjechië (32,1%).

De waarde van de diensten per hoofd in Centraal-Amerika was $1.256,5 in de jaren 1990s, en was vergelijkbaar met Trinidad en Tobago (US$1.267,8). De sector van de diensten per hoofd in Centraal-Amerika was 37,6% lager dan de diensten per hoofd van de bevolking in de wereld ($2.014,6), en was in 4,9 keer lager dan de diensten per hoofd van de bevolking in Amerika ($2.014,6).

De groei van de diensten in Centraal-Amerika bedroeg 3.2% in de jaren 1990, en was vergelijkbaar met Jamaica (3,2%), Duitsland (3,2%), Indonesië (3,2%). De groei van de diensten in Centraal-Amerika (3,2%) was groter dan de groei van de diensten in de wereld (2,7%), was groter dan de groei van de diensten in Amerika (2,4%).

Vergelijking met subregio's. De waarde van de diensten in Centraal-Amerika was groter dan in de Caraïben (US$40,4 miljard); maar minder dan in Noord-Amerika (US$4,1 biljoen) en in Zuid-Amerika (US$501,8 miljard). De waarde van de diensten per hoofd in Centraal-Amerika was in Centraal-Amerika groter dan in de Caraïben (US$1.152,6); maar minder dan in Noord-Amerika (US$13,8 duizend) en in Zuid-Amerika (US$1.571,0). De groei van de diensten in Centraal-Amerika was groter dan in de Caraïben (3,1%), in Zuid-Amerika (2,5%) en in Noord-Amerika (2,3%).

Leiders. De waarde van de diensten in Centraal-Amerika in de jaren 1990 bestond uit: Mexico (89,6%), Guatemala (2,7%), Panama (2,4%), Costa Rica (2,0%), El Salvador (1,6%), en andere (1,7%). Het aandeel van de diensten in economie van de leiders: Panama (43,3%), Guatemala (37,4%), El Salvador (33,7%), Costa Rica (32,6%) en Mexico (31,7%). De toegevoegde waarde van de diensten per hoofd in Centraal-Amerika onder de leiders: Mexico ($1.529,7), Panama ($1.343,3), Costa Rica ($905,2), El Salvador ($453,1) en Guatemala ($405,1). De groei van de diensten onder de leiders: El Salvador (7,8%), Costa Rica (5,0%), Panama (4,9%), Guatemala (4,4%) en Mexico (3,0%).

de jaren 2000

De waarde van de diensten in Centraal-Amerika bedroeg in de jaren 2000 US$318,2 miljard per jaar, en was vergelijkbaar met Australië (US$317,8 miljard). Het aandeel in de wereld was 1,6%, en 3,8% in Amerika.

Het aandeel van de diensten in de economie van Centraal-Amerika was 34,6% in de jaren 2000, en was vergelijkbaar met Belize (34,5%), Polen (34,4%), Azië (34,4%).

De diensten per hoofd in Centraal-Amerika waren $2.193,5 in de jaren 2000s, en waren vergelijkbaar met Litouwen (US$2,2 duizend). De waarde van de diensten per hoofd in Centraal-Amerika was 27,2% lager dan de diensten per hoofd van de bevolking in de wereld ($3.011,2), en was in 4,3 keer lager dan de diensten per hoofd van de bevolking in Amerika ($3.011,2).

De groei van de diensten in Centraal-Amerika bedroeg 2.7% in de jaren 2000, en was vergelijkbaar met Slovenië (2,6%), het Verenigd Koninkrijk (2,7%), Suriname (2,7%). De groei van de diensten in Centraal-Amerika (2,7%) was minder dan de groei van de diensten in de wereld (2,9%), was groter dan de groei van de diensten in Amerika (2,2%).

Vergelijking met subregio's. De waarde van de diensten in Centraal-Amerika was groter dan in de Caraïben (US$79,0 miljard); maar minder dan in Noord-Amerika (US$7,2 biljoen) en in Zuid-Amerika (US$647,3 miljard). De sector van de diensten per hoofd in Centraal-Amerika was in Centraal-Amerika groter dan in de Caraïben (US$2,0 duizend) en in Zuid-Amerika (US$1.754,7); maar minder dan in Noord-Amerika (US$22,1 duizend). De groei van de diensten in Centraal-Amerika was groter dan in Noord-Amerika (2,1%); maar minder dan in de Caraïben (3,3%) en in Zuid-Amerika (3,0%).

Leiders. De sector van de diensten in Centraal-Amerika in de jaren 2000 bestond uit: Mexico (89,0%), Guatemala (2,9%), Costa Rica (2,5%), Panama (2,1%), El Salvador (1,7%), en andere (1,8%). Het aandeel van de diensten in economie van de leiders: Panama (41,4%), Costa Rica (41,3%), El Salvador (39,6%), Guatemala (37,0%) en Mexico (34,1%). De diensten per hoofd in Centraal-Amerika onder de leiders: Mexico ($2.684,7), Panama ($2.036,9), Costa Rica ($1.877,4), El Salvador ($885,8) en Guatemala ($709,7). De groei van de diensten onder de leiders: Costa Rica (5,0%), Panama (4,3%), Guatemala (3,9%), El Salvador (3,0%) en Mexico (2,3%).

de jaren 2010

De toegevoegde waarde van de diensten in Centraal-Amerika bedroeg in de jaren 2010 US$462,8 miljard per jaar. Het aandeel in de wereld was 1,4%, en 3,6% in Amerika.

Het aandeel van de diensten in de economie van Centraal-Amerika was 34,5% in de jaren 2010, en was vergelijkbaar met Kosovo (34,5%), Sri Lanka (34,4%), Polen (34,3%).

De sector van de diensten per hoofd in Centraal-Amerika was $2.759,0 in de jaren 2010s, en was vergelijkbaar met Bulgarije (US$2,8 duizend), de Maldiven (US$2,8 duizend), Equatoriaal-Guinea (US$2,7 duizend). De waarde van de diensten per hoofd in Centraal-Amerika was 38,2% lager dan de diensten per hoofd van de bevolking in de wereld ($4.467,8), en was in 4,8 keer lager dan de diensten per hoofd van de bevolking in Amerika ($4.467,8).

De groei van de diensten in Centraal-Amerika bedroeg 2.9% in de jaren 2010, en was vergelijkbaar met Australazië (2,9%), Oceanië (2,9%), Australië (2,9%). De groei van de diensten in Centraal-Amerika (2,9%) was groter dan de groei van de diensten in de wereld (2,7%), was groter dan de groei van de diensten in Amerika (1,8%).

Vergelijking met subregio's. De sector van de diensten in Centraal-Amerika was 3,8 keer groter dan in de Caraïben (US$121,5 miljard); maar 23,3 keer minder dan in Noord-Amerika (US$10,8 biljoen) en 3,2 keer minder dan in Zuid-Amerika (US$1,5 biljoen). De diensten per hoofd in Centraal-Amerika waren in Centraal-Amerika11,0 keer minder dan in Noord-Amerika (US$30,3 duizend), 24,0% minder dan in Zuid-Amerika (US$3,6 duizend) en 5,9% minder dan in de Caraïben (US$2,9 duizend). De groei van de diensten in Centraal-Amerika was groter dan in Zuid-Amerika (1,9%), in Noord-Amerika (1,8%) en in de Caraïben (0,98%).

Leiders. De waarde van de diensten in Centraal-Amerika in de jaren 2010 bestond uit: Mexico (82,9%), Costa Rica (5,2%), Guatemala (4,3%), Panama (3,4%), El Salvador (1,9%), en andere (2,4%). Het aandeel van de diensten in economie van de leiders: Costa Rica (50,0%), El Salvador (41,0%), Guatemala (35,1%), Mexico (33,8%) en Panama (32,6%). De sector van de diensten per hoofd in Centraal-Amerika onder de leiders: Costa Rica ($4.952,2), Panama ($4.023,5), Mexico ($3.170,2), El Salvador ($1.360,5) en Guatemala ($1.226,9). De groei van de diensten onder de leiders: Panama (4,9%), Costa Rica (4,2%), Guatemala (4,2%), Mexico (2,6%) en El Salvador (1,9%).

Part III. Externe betrekkingen

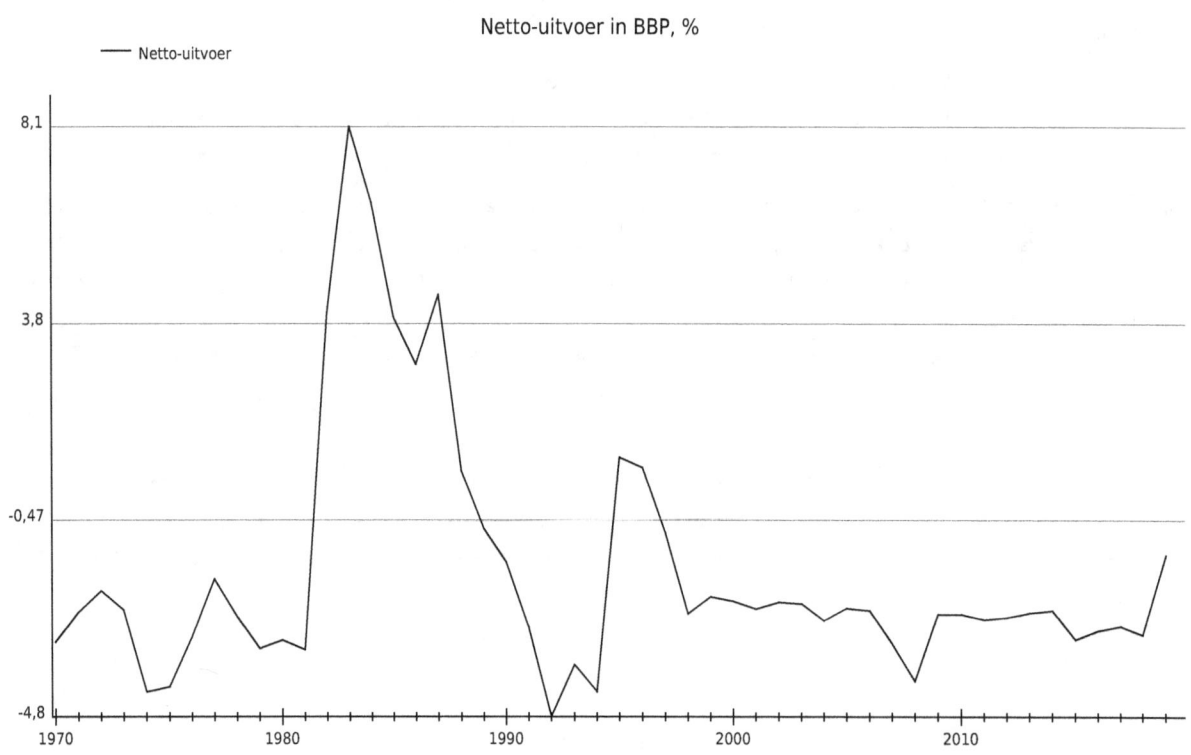

Netto-uitvoer in BBP, %

Hoofdstuk X. Uitvoer

Uitvoer van goederen en diensten

De uitvoer van Centraal-Amerika steeg van US$12,3 miljard per jaar in de jaren 1970 tot US$487,6 miljard per jaar in de jaren 2010, dat wil zeggen met US$475,3 miljard of 39,7 keer. De verandering vond plaats op US$322,0 miljard als gevolg van een 2,9-voudige stijging van de prijzen, en ook op US$139,6 miljard als gevolg van een 6,4-voudige toename van het tarief per hoofd , evenals op US$13,8 miljard als gevolg van de toename van de bevolking. De gemiddelde jaarlijkse groei van de export is 6,5%. De minimumwaarde van de export bedroeg US$5,3 miljard in 1970. De maximumwaarde van de export bedroeg US$579,1 miljard in 2019.

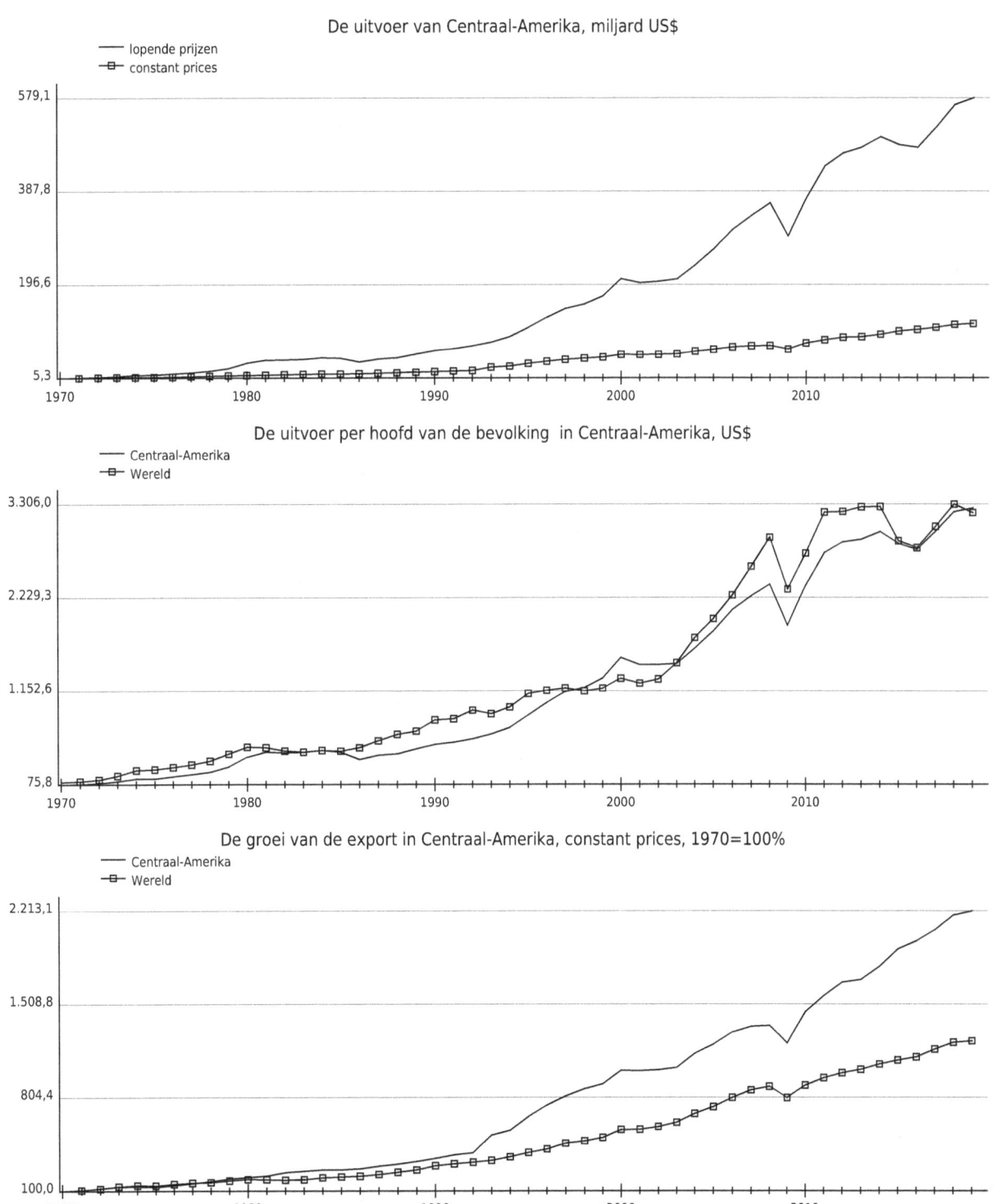

De uitvoer van Centraal-Amerika, miljard US$

De uitvoer per hoofd van de bevolking in Centraal-Amerika, US$

De groei van de export in Centraal-Amerika, constant prices, 1970=100%

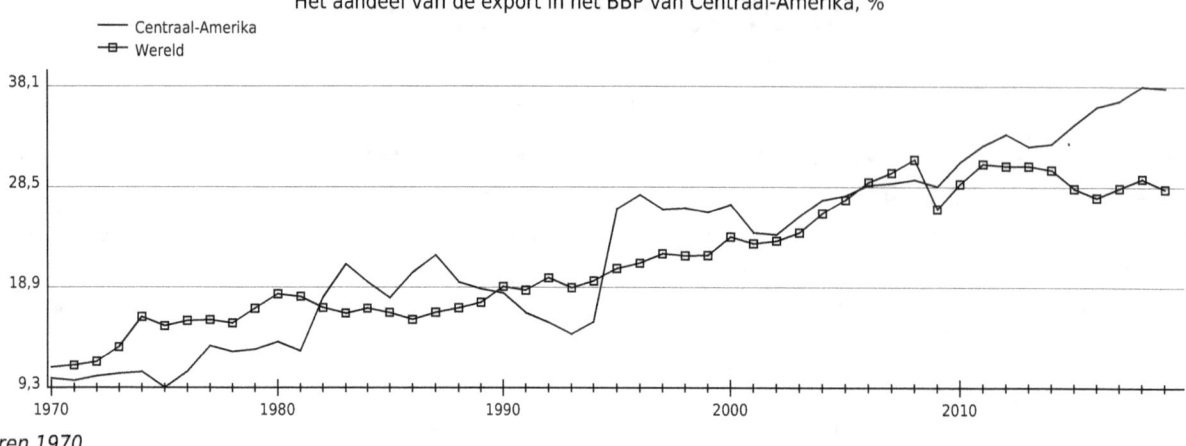

Het aandeel van de export in het BBP van Centraal-Amerika, %

— Centraal-Amerika
—□— Wereld

de jaren 1970

De uitvoer van Centraal-Amerika bedroeg in de jaren 1970 US$12,3 miljard per jaar, en was vergelijkbaar met West-Afrika (US$12,1 miljard). Het aandeel in de wereld was 1,3%, en 5,5% in Amerika.

Het aandeel van de export in het BBP van Centraal-Amerika was 11,5% in de jaren 1970, en was vergelijkbaar met Japan (11,5%), Tanzania (11,4%).

De uitvoer per hoofd in Centraal-Amerika was $155,3 in de jaren 1970s, en was vergelijkbaar met Kameroen (US$154,5), Guatemala (US$157,3), Centraal-Afrika (US$158,0). De waarde van de export per hoofd in Centraal-Amerika was 35,8% lager dan de export per hoofd van de bevolking in de wereld ($242,1), en was in 2,6 keer lager dan de export per hoofd van de bevolking in Amerika ($242,1).

De groei van de export in Centraal-Amerika bedroeg 7.4% in de jaren 1970, en was vergelijkbaar met Saint Lucia (7,4%), Ierland (7,5%), Benin (7,5%). De groei van de export in Centraal-Amerika (7,4%) was groter dan de groei van de export in de wereld (6,5%), was groter dan de groei van de export in Amerika (6,4%).

Vergelijking met subregio's. De waarde van de export in Centraal-Amerika was minder dan in Noord-Amerika (US$166,6 miljard), in Zuid-Amerika (US$29,6 miljard) en in de Caraïben (US$13,9 miljard). De waarde van de export per hoofd in Centraal-Amerika was in Centraal-Amerika groter dan in Zuid-Amerika (US$138,8); maar minder dan in Noord-Amerika (US$690,7) en in de Caraïben (US$526,2). De groei van de export in Centraal-Amerika was groter dan in Noord-Amerika (6,1%) en in de Caraïben (5,4%); maar minder dan in Zuid-Amerika (7,7%).

Leiders. De uitvoer van Centraal-Amerika in de jaren 1970 bestond uit: Mexico (62,4%), Panama (13,1%), Guatemala (8,1%), Costa Rica (5,7%), Honduras (5,3%), en andere (5,4%). Het aandeel van de export in BBP van de leiders: Panama (79,6%), Honduras (43,6%), Guatemala (29,8%), Costa Rica (25,5%) en Mexico (8,1%). De uitvoer per hoofd in Centraal-Amerika onder de leiders: Panama ($936,2), Costa Rica ($336,3), Honduras ($208,1), Guatemala ($157,3) en Mexico ($130,3). De groei van de export onder de leiders: Mexico (8,6%), Costa Rica (7,2%), Guatemala (6,7%), Honduras (5,8%) en Panama (4,4%).

de jaren 1980

De waarde van de export in Centraal-Amerika bedroeg in de jaren 1980 US$43,9 miljard per jaar, en was vergelijkbaar met Oceanië (US$44,1 miljard), Spanje (US$44,3 miljard), Hongkong (US$43,4 miljard). Het aandeel in de wereld was 1,7%, en 7,4% in Amerika.

Het aandeel van de export in het BBP van Centraal-Amerika was 18,0% in de jaren 1980, en was vergelijkbaar met Uruguay (18,0%), Albanië (18,1%).

De uitvoer per hoofd in Centraal-Amerika was $434,1 in de jaren 1980s. De waarde van de export per hoofd in Centraal-Amerika was 18,1% lager dan de export per hoofd van de bevolking in de wereld ($529,9), en was in 2,1 keer lager dan de export per hoofd van de bevolking in Amerika ($529,9).

De groei van de export in Centraal-Amerika bedroeg 5.4% in de jaren 1980, en was vergelijkbaar met Luxemburg (5,3%), Tsjaad (5,4%), Sri Lanka (5,4%). De groei van de export in Centraal-Amerika (5,4%) was groter dan de groei van de export in de wereld (3,8%), was groter dan de groei van de export in Amerika (5,1%).

Vergelijking met subregio's. De waarde van de export in Centraal-Amerika was groter dan in de Caraïben (US$35,2 miljard); maar minder dan in Noord-Amerika (US$440,8 miljard) en in Zuid-Amerika (US$70,1 miljard). De uitvoer per hoofd in Centraal-Amerika was in Centraal-Amerika groter dan in Zuid-Amerika (US$264,4); maar minder dan in Noord-Amerika (US$1.661,7) en in de Caraïben (US$1.144,0). De groei van de export in Centraal-Amerika was groter dan in Zuid-Amerika (4,2%) en in de Caraïben (3,5%); maar minder dan in Noord-Amerika (5,5%).

Leiders. De waarde van de export in Centraal-Amerika in de jaren 1980 bestond uit: Mexico (78,6%), Panama (8,4%), Guatemala (3,9%), Honduras (3,5%), Costa Rica (3,4%), en andere (2,1%). Het aandeel van de export in BBP van de leiders: Panama (68,1%), Honduras (36,1%), Costa Rica (29,6%), Guatemala (22,8%) en Mexico (16,0%). De waarde van de export per hoofd in Centraal-Amerika onder de leiders: Panama ($1.671,9), Costa Rica ($550,7), Mexico ($459,6), Honduras ($367,4) en Guatemala ($212,7). De groei van de export onder de leiders: Mexico (7,9%), Costa Rica (5,2%), Panama (5,1%), Honduras (0,24%) en Guatemala (-2,2%).

de jaren 1990

De uitvoer van Centraal-Amerika bedroeg in de jaren 1990 US$108,0 miljard per jaar. Het aandeel in de wereld was 1,8%, en 8,4% in Amerika.

Het aandeel van de export in het BBP van Centraal-Amerika was 21,6% in de jaren 1990, en was vergelijkbaar met El Salvador (21,7%), de Centraal-Afrikaanse Republiek (21,7%), Italië (21,5%).

De waarde van de export per hoofd in Centraal-Amerika was $875,3 in de jaren 1990s, en was vergelijkbaar met Rusland (US$881,8), Wit-Rusland (US$860,1). De waarde van de export per hoofd in Centraal-Amerika was 15,0% lager dan de export per hoofd van de bevolking in de wereld ($1.029,5), en was 47,4% lager dan de export per hoofd van de bevolking in Amerika ($1.029,5).

De groei van de export in Centraal-Amerika bedroeg 10.9% in de jaren 1990, en was vergelijkbaar met Thailand (10,9%), Tanzania (10,9%). De groei van de export in Centraal-Amerika (10,9%) was groter dan de groei van de export in de wereld (6,9%), was groter dan de groei van de export in Amerika (7,3%).

Vergelijking met subregio's. De uitvoer van Centraal-Amerika was groter dan in de Caraïben (US$55,3 miljard); maar minder dan in Noord-Amerika (US$980,7 miljard) en in Zuid-Amerika (US$138,4 miljard). De waarde van de export per hoofd in Centraal-Amerika was in Centraal-Amerika groter dan in Zuid-Amerika (US$433,3); maar minder dan in Noord-Amerika (US$3,3 duizend) en in de Caraïben (US$1.579,7). De groei van de export in Centraal-Amerika was groter dan in Noord-Amerika (7,4%), in Zuid-Amerika (6,4%) en in de Caraïben (3,1%).

Leiders. De uitvoer van Centraal-Amerika in de jaren 1990 bestond uit: Mexico (81,6%), Panama (6,8%), Costa Rica (3,8%), Guatemala (2,8%), Honduras (2,4%), en andere (2,6%). Het aandeel van de export in BBP van de leiders: Panama (82,2%), Honduras (53,5%), Costa Rica (38,7%), Guatemala (25,4%) en Mexico (19,6%). De uitvoer per hoofd in Centraal-Amerika onder de leiders: Panama ($2.718,5), Costa Rica ($1.177,2), Mexico ($969,8), Honduras ($451,3) en Guatemala ($298,4). De groei van de export onder de leiders: Mexico (12,6%), Costa Rica (9,1%), Guatemala (5,8%), Panama (1,8%) en Honduras (0,59%).

de jaren 2000

De uitvoer van Centraal-Amerika bedroeg in de jaren 2000 US$263,1 miljard per jaar, en was vergelijkbaar met Zuid-Azië (US$259,8 miljard). Het aandeel in de wereld was 2,1%, en 10,8% in Amerika.

Het aandeel van de export in het BBP van Centraal-Amerika was 27,3% in de jaren 2000, en was vergelijkbaar met Micronesië (27,3%), Monaco (27,2%), Frankrijk (27,2%).

De uitvoer per hoofd in Centraal-Amerika was $1.813,7 in de jaren 2000s, en was vergelijkbaar met Grenada (US$1.818,3), Saint Vincent en de Grenadines (US$1.778,6), Rusland (US$1.774,6). De uitvoer per hoofd in Centraal-Amerika was 6,2% lager dan de export per hoofd van de bevolking in de wereld ($1.933,7), en was 34,8% lager dan de export per hoofd van de bevolking in Amerika ($1.933,7).

De groei van de export in Centraal-Amerika bedroeg 2.9% in de jaren 2000, en was vergelijkbaar met België (3,0%). De groei van de export in Centraal-Amerika (2,9%) was minder dan de groei van de export in de wereld (4,8%), was groter dan de groei van de export in Amerika (2,9%).

Vergelijking met subregio's. De waarde van de export in Centraal-Amerika was groter dan in de Caraïben (US$111,9 miljard); maar minder dan in Noord-Amerika (US$1,7 biljoen) en in Zuid-Amerika (US$348,2 miljard). De waarde van de export per hoofd in Centraal-Amerika was in Centraal-Amerika groter dan in Zuid-Amerika (US$943,9); maar minder dan in Noord-Amerika (US$5,3 duizend) en in de Caraïben (US$2,9 duizend). De groei van de export in Centraal-Amerika was groter dan in Noord-Amerika (2,5%); maar minder dan in Zuid-Amerika (4,7%) en in de Caraïben (3,4%).

Leiders. De uitvoer van Centraal-Amerika in de jaren 2000 bestond uit: Mexico (85,3%), Panama (4,6%), Costa Rica (3,3%), Guatemala (2,4%), Honduras (2,0%), en andere (2,4%). Het aandeel van de export in BBP van de leiders: Panama (71,4%), Honduras (52,3%), Costa Rica (40,4%), Mexico (25,9%) en Guatemala (23,9%). De waarde van de export per hoofd in Centraal-Amerika onder de leiders: Panama ($3.686,5), Mexico ($2.127,8), Costa Rica ($2.031,7), Honduras ($719,0) en Guatemala ($492,0). De groei van de export onder de leiders: Panama (8,1%), Costa Rica (3,7%), Honduras (3,5%), Mexico (2,6%) en Guatemala (1,7%).

de jaren 2010

De waarde van de export in Centraal-Amerika bedroeg in de jaren 2010 US$487,6 miljard per jaar, en was vergelijkbaar met Rusland (US$488,7 miljard). Het aandeel in de wereld was 2,1%, en 11,9% in Amerika.

Het aandeel van de export in het BBP van Centraal-Amerika was 34,6% in de jaren 2010, en was vergelijkbaar met Bhutan (34,7%), Mexico (34,4%).

De waarde van de export per hoofd in Centraal-Amerika was $2.906,9 in de jaren 2010s, en was vergelijkbaar met Azerbeidzjan (US$2,9 duizend), Polynesië (US$2,9 duizend), Dominica (US$2,9 duizend). De uitvoer per hoofd in Centraal-Amerika was 6,2% lager dan de export per hoofd van de bevolking in de wereld ($3.098,9), en was 30,7% lager dan de export per hoofd van de bevolking in Amerika ($3.098,9).

De groei van de export in Centraal-Amerika bedroeg 6.2% in de jaren 2010, en was vergelijkbaar met Zambia (6,2%), Oezbekistan (6,2%), Bulgarije (6,2%). De groei van de export in Centraal-Amerika (6,2%) was groter dan de groei van de export in de wereld (4,4%), was groter dan de groei van de export in Amerika (3,6%).

Vergelijking met subregio's. De uitvoer van Centraal-Amerika was 3,3 keer groter dan in de Caraïben (US$147,9 miljard); maar 5,8 keer minder dan in Noord-Amerika (US$2,8 biljoen) en 24,9% minder dan in Zuid-Amerika (US$648,9 miljard). De waarde van de export per hoofd in Centraal-Amerika was in Centraal-Amerika83,6% groter dan in Zuid-Amerika (US$1.582,8); maar 2,7 keer minder dan in Noord-Amerika (US$7,9 duizend) en 18,5% minder dan in de Caraïben (US$3,6 duizend). De groei van de export in Centraal-Amerika was groter dan in Noord-Amerika (3,7%), in Zuid-Amerika (2,1%) en in de Caraïben (-0,44%).

Leiders. De uitvoer van Centraal-Amerika in de jaren 2010 bestond uit: Mexico (84,1%), Panama (5,5%), Costa Rica (3,5%), Guatemala (2,5%), Honduras (1,9%), en andere (2,6%). Het aandeel van de export in BBP van de leiders: Panama (52,7%), Honduras (45,3%), Mexico (34,4%), Costa Rica (32,5%) en Guatemala (20,4%). De uitvoer per hoofd in Centraal-Amerika onder de leiders: Panama ($6.766,3), Costa Rica ($3.499,9), Mexico ($3.387,7), Honduras ($1.029,3) en Guatemala ($757,1). De groei van de export onder de leiders: Mexico (6,7%), Costa Rica (5,3%), Honduras (4,8%), Guatemala (3,0%) en Panama (2,9%).

Hoofdstuk XI. Invoer

Invoer van goederen en diensten

De waarde van de invoer in Centraal-Amerika steeg van US$15,5 miljard per jaar in de jaren 1970 tot US$523,8 miljard per jaar in de jaren 2010, dat wil zeggen met US$508,3 miljard of 33,8 keer. De verandering vond plaats op US$371,0 miljard als gevolg van een 3,4-voudige stijging van de prijzen, en ook op US$120,0 miljard als gevolg van een 4,7-voudige toename van het tarief per hoofd , evenals op US$17,4 miljard als gevolg van de toename van de bevolking. De gemiddelde jaarlijkse groei van de invoer is 5,7%. De minimumwaarde van de invoer bedroeg US$6,9 miljard in 1970. De maximumwaarde van de invoer bedroeg US$609,3 miljard in 2018.

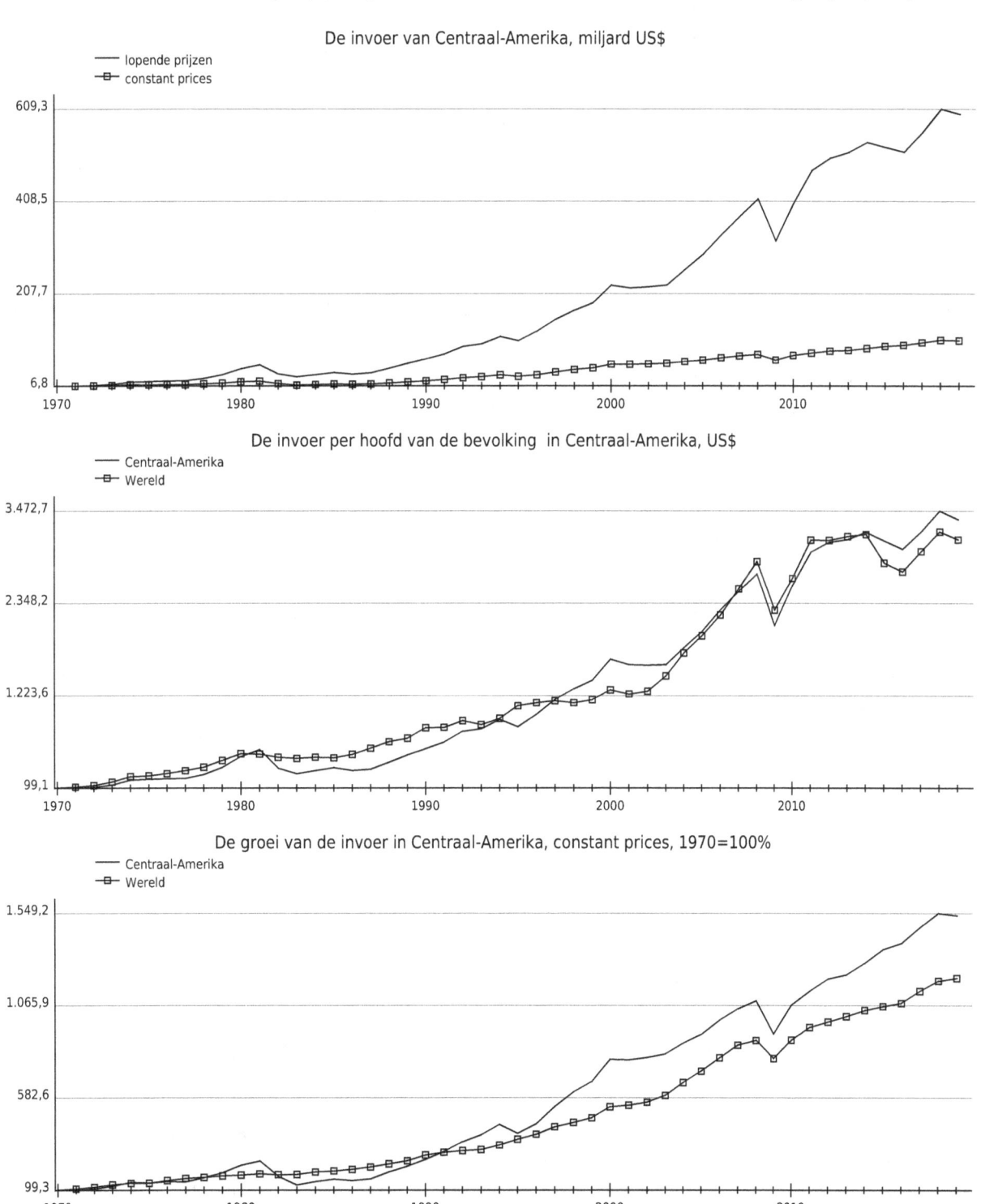

De invoer van Centraal-Amerika, miljard US$

De invoer per hoofd van de bevolking in Centraal-Amerika, US$

De groei van de invoer in Centraal-Amerika, constant prices, 1970=100%

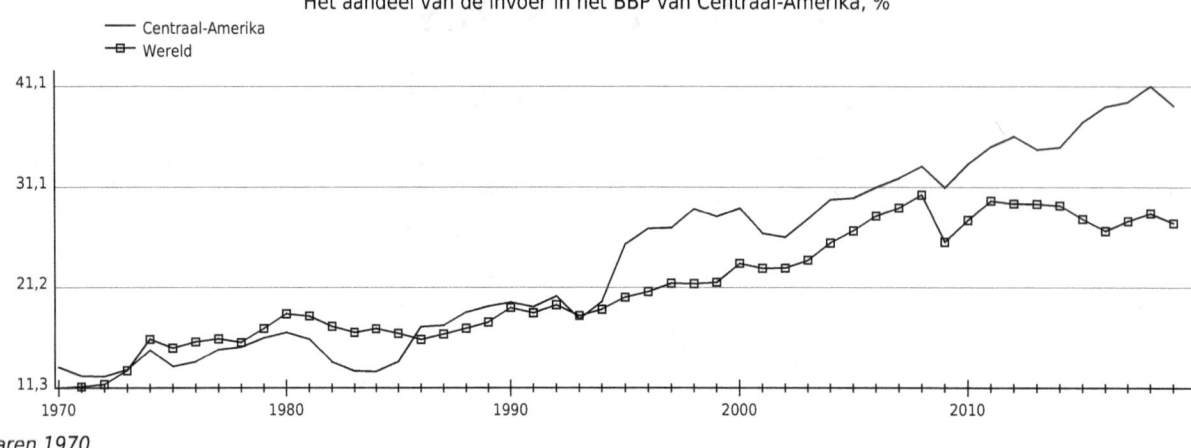

Het aandeel van de invoer in het BBP van Centraal-Amerika, %

— Centraal-Amerika
-□- Wereld

de jaren 1970

De invoer van Centraal-Amerika bedroeg in de jaren 1970 US$15,5 miljard per jaar. Het aandeel in de wereld was 1,6%, en 6,6% in Amerika.

Het aandeel van de invoer in het BBP van Centraal-Amerika was 14,5% in de jaren 1970, en was vergelijkbaar met Rwanda (14,5%), Cambodja (14,4%), Roemenië (14,6%).

De invoer per hoofd in Centraal-Amerika was $195,7 in de jaren 1970s, en was vergelijkbaar met Centraal-Afrika (US$195,3), de Comoren (US$199,3). De waarde van de invoer per hoofd in Centraal-Amerika was 19,9% lager dan de invoer per hoofd van de bevolking in de wereld ($244,3), en was in 2,2 keer lager dan de invoer per hoofd van de bevolking in Amerika ($244,3).

De groei van de invoer in Centraal-Amerika bedroeg 7.4% in de jaren 1970, en was vergelijkbaar met Benin (7,3%), Costa Rica (7,3%), Oost-Europa (7,4%). De groei van de invoer in Centraal-Amerika (7,4%) was groter dan de groei van de invoer in de wereld (6,3%), was groter dan de groei van de invoer in Amerika (5,4%).

Vergelijking met subregio's. De invoer van Centraal-Amerika was minder dan in Noord-Amerika (US$171,8 miljard), in Zuid-Amerika (US$32,0 miljard) en in de Caraïben (US$16,8 miljard). De invoer per hoofd in Centraal-Amerika was in Centraal-Amerika groter dan in Zuid-Amerika (US$150,0); maar minder dan in Noord-Amerika (US$712,3) en in de Caraïben (US$635,7). De groei van de invoer in Centraal-Amerika was groter dan in Noord-Amerika (5,3%), in Zuid-Amerika (5,2%) en in de Caraïben (4,7%).

Leiders. De waarde van de invoer in Centraal-Amerika in de jaren 1970 bestond uit: Mexico (65,1%), Panama (12,1%), Guatemala (7,5%), Costa Rica (6,4%), Honduras (4,4%), en andere (4,3%). Het aandeel van de invoer in BBP van de leiders: Panama (92,8%), Honduras (45,9%), Costa Rica (36,4%), Guatemala (34,9%) en Mexico (10,7%). De waarde van de invoer per hoofd in Centraal-Amerika onder de leiders: Panama ($1.090,9), Costa Rica ($479,2), Honduras ($219,4), Guatemala ($183,8) en Mexico ($171,5). De groei van de invoer onder de leiders: Mexico (8,8%), Costa Rica (7,3%), Guatemala (5,7%), Honduras (5,2%) en Panama (3,3%).

de jaren 1980

De waarde van de invoer in Centraal-Amerika bedroeg in de jaren 1980 US$39,2 miljard per jaar, en was vergelijkbaar met Oost-Europa (US$38,7 miljard), de Caraïben (US$38,6 miljard). Het aandeel in de wereld was 1,5%, en 6,0% in Amerika.

Het aandeel van de invoer in het BBP van Centraal-Amerika was 16,0% in de jaren 1980, en was vergelijkbaar met Pakistan (16,0%).

De waarde van de invoer per hoofd in Centraal-Amerika was $387,4 in de jaren 1980s, en was vergelijkbaar met Roemenië (US$386,5), Honduras (US$384,1), Mexico (US$381,1). De invoer per hoofd in Centraal-Amerika was 28,1% lager dan de invoer per hoofd van de bevolking in de wereld ($539,1), en was in 2,5 keer lager dan de invoer per hoofd van de bevolking in Amerika ($539,1).

De groei van de invoer in Centraal-Amerika bedroeg 1.7% in de jaren 1980. De groei van de invoer in Centraal-Amerika (1,7%) was minder dan de groei van de invoer in de wereld (3,8%), was minder dan de groei van de invoer in Amerika (3,8%).

Vergelijking met subregio's. De invoer van Centraal-Amerika was groter dan in de Caraïben (US$38,6 miljard); maar minder dan in Noord-Amerika (US$513,4 miljard) en in Zuid-Amerika (US$61,1 miljard). De waarde van de invoer per hoofd in Centraal-Amerika was in Centraal-Amerika groter dan in Zuid-Amerika (US$230,5); maar minder dan in Noord-Amerika (US$1.935,3) en in de Caraïben (US$1.255,0). De groei van de invoer in Centraal-Amerika was groter dan in Zuid-Amerika (-1,5%); maar minder dan in Noord-Amerika

(5,5%) en in de Caraïben (2,9%).

Leiders. De invoer van Centraal-Amerika in de jaren 1980 bestond uit: Mexico (73,1%), Panama (9,3%), Guatemala (5,4%), Costa Rica (4,6%), Honduras (4,1%), en andere (3,5%). Het aandeel van de invoer in BBP van de leiders: Panama (67,7%), Honduras (37,7%), Costa Rica (35,5%), Guatemala (28,0%) en Mexico (13,2%). De waarde van de invoer per hoofd in Centraal-Amerika onder de leiders: Panama ($1.662,3), Costa Rica ($660,9), Honduras ($384,1), Mexico ($381,1) en Guatemala ($261,1). De groei van de invoer onder de leiders: Mexico (2,7%), Costa Rica (2,4%), Panama (1,6%), Honduras (-0,31%) en Guatemala (-3,3%).

de jaren 1990

De invoer van Centraal-Amerika bedroeg in de jaren 1990 US$118,8 miljard per jaar, en was vergelijkbaar met Zuid-Korea (US$118,6 miljard). Het aandeel in de wereld was 2,1%, en 8,5% in Amerika.

Het aandeel van de invoer in het BBP van Centraal-Amerika was 23,8% in de jaren 1990.

De waarde van de invoer per hoofd in Centraal-Amerika was $963,1 in de jaren 1990s, en was vergelijkbaar met Thailand (US$976,3). De invoer per hoofd in Centraal-Amerika was 5,2% lager dan de invoer per hoofd van de bevolking in de wereld ($1.015,5), en was 46,9% lager dan de invoer per hoofd van de bevolking in Amerika ($1.015,5).

De groei van de invoer in Centraal-Amerika bedroeg 11.5% in de jaren 1990, en was vergelijkbaar met Maleisië (11,6%). De groei van de invoer in Centraal-Amerika (11,5%) was groter dan de groei van de invoer in de wereld (6,6%), was groter dan de groei van de invoer in Amerika (8,2%).

Vergelijking met subregio's. De waarde van de invoer in Centraal-Amerika was groter dan in de Caraïben (US$54,0 miljard); maar minder dan in Noord-Amerika (US$1,1 biljoen) en in Zuid-Amerika (US$153,8 miljard). De invoer per hoofd in Centraal-Amerika was in Centraal-Amerika groter dan in Zuid-Amerika (US$481,6); maar minder dan in Noord-Amerika (US$3,7 duizend) en in de Caraïben (US$1.542,2). De groei van de invoer in Centraal-Amerika was groter dan in Zuid-Amerika (9,1%), in Noord-Amerika (8,0%) en in de Caraïben (3,0%).

Leiders. De invoer van Centraal-Amerika in de jaren 1990 bestond uit: Mexico (80,2%), Panama (6,0%), Costa Rica (3,9%), Guatemala (3,6%), El Salvador (2,4%), en andere (3,8%). Het aandeel van de invoer in BBP van de leiders: Panama (79,8%), Costa Rica (43,7%), Guatemala (35,6%), El Salvador (35,2%) en Mexico (21,2%). De invoer per hoofd in Centraal-Amerika onder de leiders: Panama ($2.638,1), Costa Rica ($1.326,7), Mexico ($1.049,5), El Salvador ($512,4) en Guatemala ($417,4). De groei van de invoer onder de leiders: Mexico (13,1%), El Salvador (10,0%), Guatemala (9,1%), Costa Rica (8,1%) en Panama (3,8%).

de jaren 2000

De invoer van Centraal-Amerika bedroeg in de jaren 2000 US$289,3 miljard per jaar, en was vergelijkbaar met Hongkong (US$288,8 miljard), Zuid-Azië (US$293,2 miljard). Het aandeel in de wereld was 2,3%, en 9,8% in Amerika.

Het aandeel van de invoer in het BBP van Centraal-Amerika was 30,0% in de jaren 2000, en was vergelijkbaar met Afrika (30,1%), Saoedi-Arabië (29,9%), Qatar (30,3%).

De waarde van de invoer per hoofd in Centraal-Amerika was $1.994,5 in de jaren 2000s, en was vergelijkbaar met Botswana (US$1.979,6), Fiji (US$2,0 duizend), Oost-Europa (US$2,0 duizend). De waarde van de invoer per hoofd in Centraal-Amerika was 5,0% hoger dan de invoer per hoofd van de bevolking in de wereld ($1.899,9), en was 40,5% lager dan de invoer per hoofd van de bevolking in Amerika ($1.899,9).

De groei van de invoer in Centraal-Amerika bedroeg 3.2% in de jaren 2000, en was vergelijkbaar met Bahrein (3,2%), Mexico (3,2%), Saint Vincent en de Grenadines (3,2%). De groei van de invoer in Centraal-Amerika (3,2%) was minder dan de groei van de invoer in de wereld (5,1%), was minder dan de groei van de invoer in Amerika (3,5%).

Vergelijking met subregio's. De invoer van Centraal-Amerika was groter dan in de Caraïben (US$100,6 miljard); maar minder dan in Noord-Amerika (US$2,3 biljoen) en in Zuid-Amerika (US$307,0 miljard). De invoer per hoofd in Centraal-Amerika was in Centraal-Amerika groter dan in Zuid-Amerika (US$832,1); maar minder dan in Noord-Amerika (US$6,9 duizend) en in de Caraïben (US$2,6 duizend). De groei van de invoer in Centraal-Amerika was groter dan in Noord-Amerika (2,7%) en in de Caraïben (2,6%); maar minder dan in Zuid-Amerika (7,1%).

Leiders. De invoer van Centraal-Amerika in de jaren 2000 bestond uit: Mexico (82,7%), Panama (4,2%), Guatemala (3,7%), Costa Rica

(3,2%), Honduras (2,5%), en andere (3,7%). Het aandeel van de invoer in BBP van de leiders: Honduras (72,5%), Panama (70,6%), Costa Rica (43,4%), Guatemala (39,8%) en Mexico (27,6%). De waarde van de invoer per hoofd in Centraal-Amerika onder de leiders: Panama ($3.647,6), Mexico ($2.269,2), Costa Rica ($2.181,4), Honduras ($996,7) en Guatemala ($818,1). De groei van de invoer onder de leiders: Panama (6,1%), Mexico (3,2%), Honduras (2,6%), Costa Rica (2,1%) en Guatemala (1,9%).

de jaren 2010

De invoer van Centraal-Amerika bedroeg in de jaren 2010 US$523,8 miljard per jaar. Het aandeel in de wereld was 2,4%, en 11,0% in Amerika.

Het aandeel van de invoer in het BBP van Centraal-Amerika was 37,1% in de jaren 2010, en was vergelijkbaar met Brunei (37,2%), Zuidwest-Azië (37,0%), Oost-Europa (37,3%).

De invoer per hoofd in Centraal-Amerika was $3.122,5 in de jaren 2010s, en was vergelijkbaar met Turkije (US$3,1 duizend), de Caraïben (US$3,2 duizend), Micronesië (US$3,1 duizend). De waarde van de invoer per hoofd in Centraal-Amerika was 3,5% hoger dan de invoer per hoofd van de bevolking in de wereld ($3.015,6), en was 36,1% lager dan de invoer per hoofd van de bevolking in Amerika ($3.015,6).

De groei van de invoer in Centraal-Amerika bedroeg 5.3% in de jaren 2010, en was vergelijkbaar met Bolivia (5,3%), Zuid-Korea (5,3%), Belize (5,3%). De groei van de invoer in Centraal-Amerika (5,3%) was groter dan de groei van de invoer in de wereld (4,4%), was groter dan de groei van de invoer in Amerika (3,3%).

Vergelijking met subregio's. De invoer van Centraal-Amerika was 4,0 keer groter dan in de Caraïben (US$132,0 miljard); maar 6,5 keer minder dan in Noord-Amerika (US$3,4 biljoen) en 27,4% minder dan in Zuid-Amerika (US$721,9 miljard). De invoer per hoofd in Centraal-Amerika was in Centraal-Amerika77,3% groter dan in Zuid-Amerika (US$1.761,0); maar 3,0 keer minder dan in Noord-Amerika (US$9,5 duizend) en 2,0% minder dan in de Caraïben (US$3,2 duizend). De groei van de invoer in Centraal-Amerika was groter dan in Noord-Amerika (4,3%), in de Caraïben (1,6%) en in Zuid-Amerika (-1,4%).

Leiders. De waarde van de invoer in Centraal-Amerika in de jaren 2010 bestond uit: Mexico (81,4%), Panama (5,6%), Guatemala (3,6%), Costa Rica (3,3%), Honduras (2,5%), en andere (3,6%). Het aandeel van de invoer in BBP van de leiders: Honduras (62,8%), Panama (57,9%), Mexico (35,8%), Costa Rica (33,7%) en Guatemala (31,3%). De waarde van de invoer per hoofd in Centraal-Amerika onder de leiders: Panama ($7.440,6), Costa Rica ($3.630,1), Mexico ($3.524,3), Honduras ($1.428,1) en Guatemala ($1.162,8). De groei van de invoer onder de leiders: Costa Rica (6,0%), Mexico (5,5%), Honduras (4,5%), Guatemala (4,4%) en Panama (3,9%).

Part IV. Verbruik

Hoofdstuk XII. Overheidsuitgaven

Consumptie-uitgaven van de overheid

De overheidsuitgaven van Centraal-Amerika steeg van US$9,1 miljard per jaar in de jaren 1970 tot US$171,9 miljard per jaar in de jaren 2010, dat wil zeggen met US$162,8 miljard of 19,0 keer. De verandering vond plaats op US$143,6 miljard als gevolg van een 6,1-voudige stijging van de prijzen, en ook op US$9,0 miljard als gevolg van een 1,5-voudige toename van het tarief per hoofd , evenals op US$10,2 miljard als gevolg van de toename van de bevolking. De gemiddelde jaarlijkse groei van de overheidsuitgaven is 3,4%. De minimumwaarde van de overheidsuitgaven bedroeg US$3,3 miljard in 1970. De maximumwaarde van de overheidsuitgaven bedroeg US$189,4 miljard in 2014.

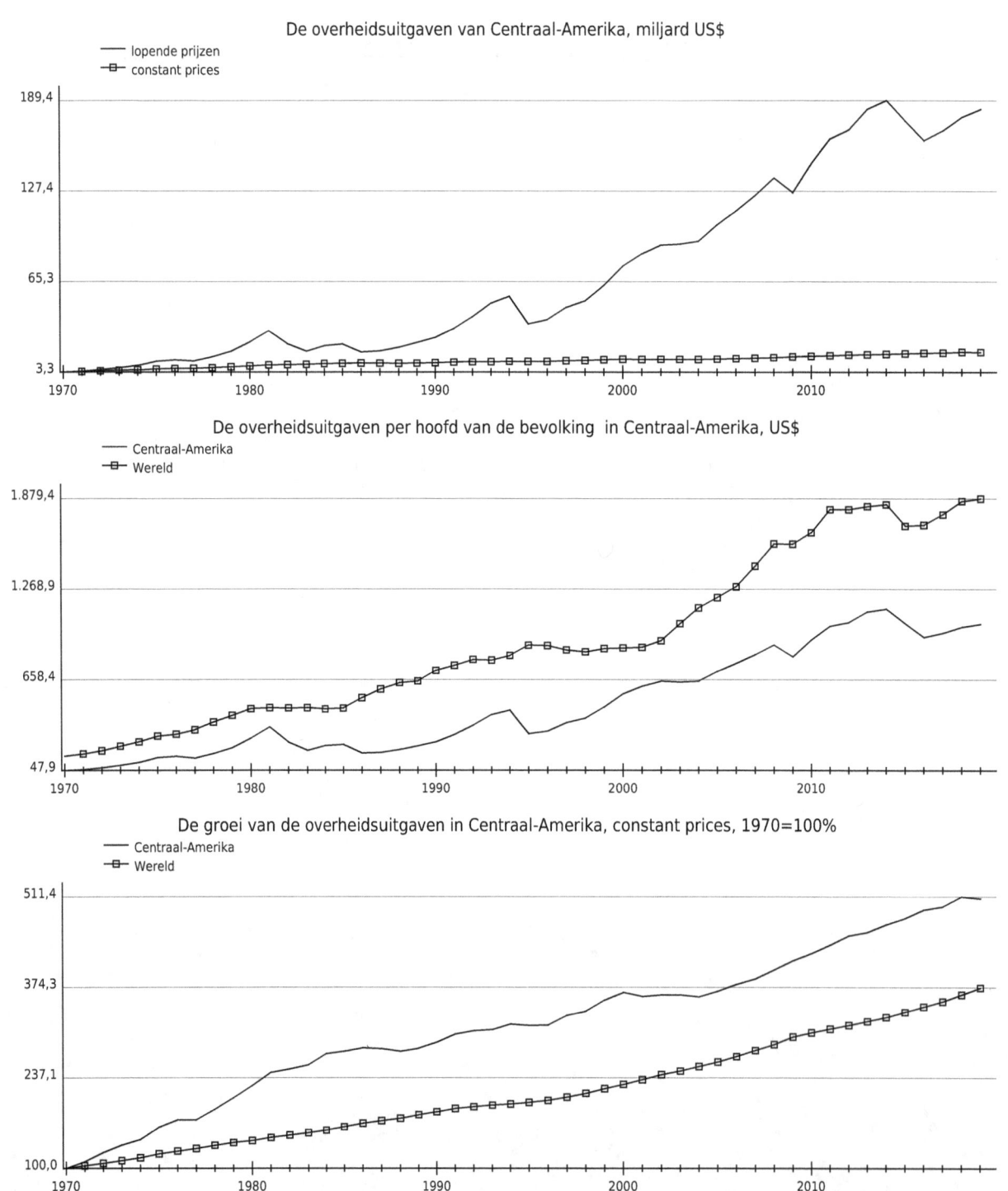

De overheidsuitgaven van Centraal-Amerika, miljard US$
— lopende prijzen
—▫— constant prices

De overheidsuitgaven per hoofd van de bevolking in Centraal-Amerika, US$
— Centraal-Amerika
—▫— Wereld

De groei van de overheidsuitgaven in Centraal-Amerika, constant prices, 1970=100%
— Centraal-Amerika
—▫— Wereld

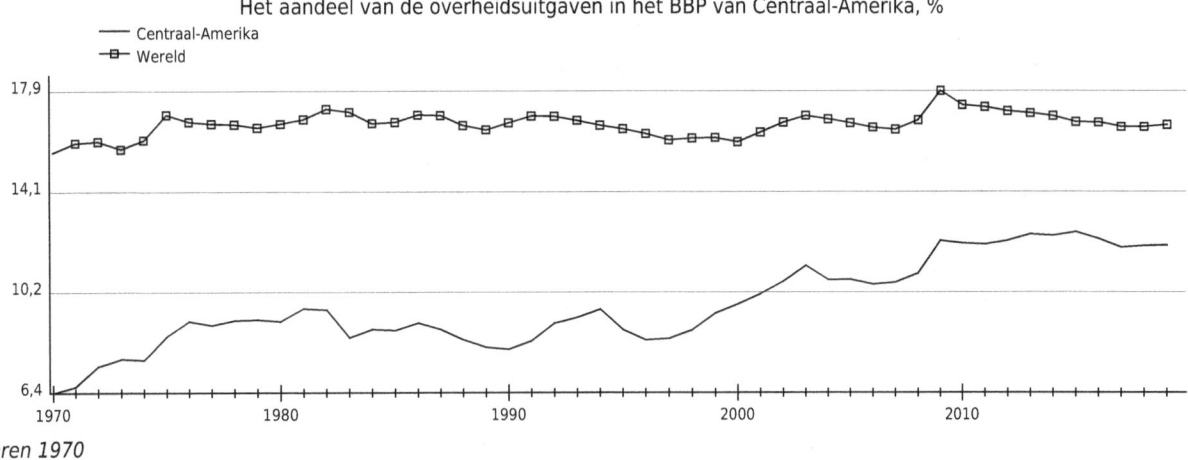

Het aandeel van de overheidsuitgaven in het BBP van Centraal-Amerika, %

de jaren 1970

De overheidsuitgaven van Centraal-Amerika bedroeg in de jaren 1970 US$9,1 miljard per jaar, en was vergelijkbaar met Denemarken (US$9,3 miljard). Het aandeel in de wereld was 0,85%, en 2,5% in Amerika.

Het aandeel van de overheidsuitgaven in het BBP van Centraal-Amerika was 8,5% in de jaren 1970.

De overheidsuitgaven per hoofd in Centraal-Amerika was $114,6 in de jaren 1970s, en was vergelijkbaar met Dominica (US$113,9), Saint Lucia (US$115,9). De overheidsuitgaven per hoofd in Centraal-Amerika was in 2,3 keer lager dan de overheidsuitgaven per hoofd van de bevolking in de wereld ($265,2), en was in 5,7 keer lager dan de overheidsuitgaven per hoofd van de bevolking in Amerika ($265,2).

De groei van de overheidsuitgaven in Centraal-Amerika bedroeg 8.4% in de jaren 1970, en was vergelijkbaar met Portugal (8,4%), Brazilië (8,5%). De groei van de overheidsuitgaven in Centraal-Amerika (8,4%) was groter dan de groei van de overheidsuitgaven in de wereld (3,7%), was groter dan de groei van de overheidsuitgaven in Amerika (2,1%).

Vergelijking met subregio's. De overheidsuitgaven van Centraal-Amerika was groter dan in de Caraïben (US$6,7 miljard); maar minder dan in Noord-Amerika (US$321,9 miljard) en in Zuid-Amerika (US$29,3 miljard). De overheidsuitgaven per hoofd in Centraal-Amerika was in Centraal-Amerika minder dan in Noord-Amerika (US$1.334,8), in de Caraïben (US$252,6) en in Zuid-Amerika (US$137,3). De groei van de overheidsuitgaven in Centraal-Amerika was groter dan in Zuid-Amerika (6,5%), in de Caraïben (5,2%) en in Noord-Amerika (1,2%).

Leiders. De overheidsuitgaven van Centraal-Amerika in de jaren 1970 bestond uit: Mexico (84,1%), Costa Rica (3,8%), Guatemala (3,7%), Panama (3,6%), Honduras (2,1%), en andere (2,7%). Het aandeel van de overheidsuitgaven in BBP van de leiders: Panama (15,9%), Costa Rica (12,7%), Honduras (12,5%), Guatemala (9,9%) en Mexico (8,1%). De overheidsuitgaven per hoofd in Centraal-Amerika onder de leiders: Panama ($187,2), Costa Rica ($167,7), Mexico ($129,7), Honduras ($59,6) en Guatemala ($52,1). De groei van de overheidsuitgaven onder de leiders: Mexico (8,7%), Costa Rica (7,4%), Panama (6,5%), Honduras (5,5%) en Guatemala (5,2%).

de jaren 1980

De overheidsuitgaven van Centraal-Amerika bedroeg in de jaren 1980 US$21,8 miljard per jaar. Het aandeel in de wereld was 0,86%, en 2,6% in Amerika.

Het aandeel van de overheidsuitgaven in het BBP van Centraal-Amerika was 8,9% in de jaren 1980.

De overheidsuitgaven per hoofd in Centraal-Amerika was $215,8 in de jaren 1980s, en was vergelijkbaar met Swaziland (US$211,0). De overheidsuitgaven per hoofd in Centraal-Amerika was in 2,4 keer lager dan de overheidsuitgaven per hoofd van de bevolking in de wereld ($523,5), en was in 6,0 keer lager dan de overheidsuitgaven per hoofd van de bevolking in Amerika ($523,5).

De groei van de overheidsuitgaven in Centraal-Amerika bedroeg 3.1% in de jaren 1980, en was vergelijkbaar met Senegal (3,1%), Brazilië (3,2%). De groei van de overheidsuitgaven in Centraal-Amerika (3,1%) was groter dan de groei van de overheidsuitgaven in de wereld (2,7%), was groter dan de groei van de overheidsuitgaven in Amerika (2,5%).

Vergelijking met subregio's. De overheidsuitgaven van Centraal-Amerika was groter dan in de Caraïben (US$14,3 miljard); maar minder dan in Noord-Amerika (US$749,7 miljard) en in Zuid-Amerika (US$66,7 miljard). De overheidsuitgaven per hoofd in Centraal-Amerika was in Centraal-Amerika minder dan in Noord-Amerika (US$2,8 duizend), in de Caraïben (US$464,4) en in Zuid-Amerika (US$251,5). De groei van de overheidsuitgaven in Centraal-Amerika was groter dan in Noord-Amerika (2,6%) en in Zuid-Amerika (2,1%); maar minder dan in de Caraïben (3,6%).

Leiders. De overheidsuitgaven van Centraal-Amerika in de jaren 1980 bestond uit: Mexico (80,9%), Panama (4,4%), Guatemala (3,8%), Nicaragua (3,5%), Costa Rica (3,0%), en andere (4,5%). Het aandeel van de overheidsuitgaven in BBP van de leiders: Nicaragua (22,3%), Panama (17,7%), Costa Rica (12,8%), Guatemala (10,9%) en Mexico (8,2%). De overheidsuitgaven per hoofd in Centraal-Amerika onder de leiders: Panama ($434,8), Costa Rica ($238,7), Mexico ($235,2), Nicaragua ($206,7) en Guatemala ($101,6). De groei van de overheidsuitgaven onder de leiders: Nicaragua (4,9%), Guatemala (3,6%), Mexico (3,3%), Panama (2,0%) en Costa Rica (0,60%).

de jaren 1990

De overheidsuitgaven van Centraal-Amerika bedroeg in de jaren 1990 US$44,5 miljard per jaar. Het aandeel in de wereld was 0,95%, en 2,9% in Amerika.

Het aandeel van de overheidsuitgaven in het BBP van Centraal-Amerika was 8,9% in de jaren 1990, en was vergelijkbaar met Singapore (8,9%).

De overheidsuitgaven per hoofd in Centraal-Amerika was $360,9 in de jaren 1990s, en was vergelijkbaar met Tonga (US$370,1). De overheidsuitgaven per hoofd in Centraal-Amerika was in 2,3 keer lager dan de overheidsuitgaven per hoofd van de bevolking in de wereld ($824,8), en was in 5,5 keer lager dan de overheidsuitgaven per hoofd van de bevolking in Amerika ($824,8).

De groei van de overheidsuitgaven in Centraal-Amerika bedroeg 2.3% in de jaren 1990, en was vergelijkbaar met Israël (2,3%). De groei van de overheidsuitgaven in Centraal-Amerika (2,3%) was groter dan de groei van de overheidsuitgaven in de wereld (2,0%), was groter dan de groei van de overheidsuitgaven in Amerika (1,1%).

Vergelijking met subregio's. De overheidsuitgaven van Centraal-Amerika was groter dan in de Caraïben (US$18,5 miljard); maar minder dan in Noord-Amerika (US$1,3 biljoen) en in Zuid-Amerika (US$189,4 miljard). De overheidsuitgaven per hoofd in Centraal-Amerika was in Centraal-Amerika minder dan in Noord-Amerika (US$4,3 duizend), in Zuid-Amerika (US$593,0) en in de Caraïben (US$528,5). De groei van de overheidsuitgaven in Centraal-Amerika was groter dan in de Caraïben (1,2%), in Noord-Amerika (1,2%) en in Zuid-Amerika (0,33%).

Leiders. De overheidsuitgaven van Centraal-Amerika in de jaren 1990 bestond uit: Mexico (87,4%), Costa Rica (3,1%), Panama (2,7%), Guatemala (2,2%), El Salvador (1,9%), en andere (2,7%). Het aandeel van de overheidsuitgaven in BBP van de leiders: Panama (13,2%), Costa Rica (13,0%), El Salvador (10,7%), Mexico (8,6%) en Guatemala (8,3%). De overheidsuitgaven per hoofd in Centraal-Amerika onder de leiders: Panama ($434,8), Mexico ($428,4), Costa Rica ($395,2), El Salvador ($155,1) en Guatemala ($97,2). De groei van de overheidsuitgaven onder de leiders: Guatemala (4,6%), El Salvador (2,5%), Mexico (2,4%), Costa Rica (2,1%) en Panama (1,7%).

de jaren 2000

De overheidsuitgaven van Centraal-Amerika bedroeg in de jaren 2000 US$104,0 miljard per jaar, en was vergelijkbaar met Zuidoost-Azië (US$105,1 miljard). Het aandeel in de wereld was 1,3%, en 4,0% in Amerika.

Het aandeel van de overheidsuitgaven in het BBP van Centraal-Amerika was 10,8% in de jaren 2000, en was vergelijkbaar met Albanië (10,8%), Sierra Leone (10,7%), India (10,7%).

De overheidsuitgaven per hoofd in Centraal-Amerika was $716,9 in de jaren 2000s, en was vergelijkbaar met Namibië (US$720,3), Bulgarije (US$711,6), Costa Rica (US$706,0). De overheidsuitgaven per hoofd in Centraal-Amerika was 40,3% lager dan de overheidsuitgaven per hoofd van de bevolking in de wereld ($1.200,9), en was in 4,1 keer lager dan de overheidsuitgaven per hoofd van de bevolking in Amerika ($1.200,9).

De groei van de overheidsuitgaven in Centraal-Amerika bedroeg 1.6% in de jaren 2000. De groei van de overheidsuitgaven in Centraal-Amerika (1,6%) was minder dan de groei van de overheidsuitgaven in de wereld (3,1%), was minder dan de groei van de overheidsuitgaven in Amerika (2,4%).

Vergelijking met subregio's. De overheidsuitgaven van Centraal-Amerika was groter dan in de Caraïben (US$35,4 miljard); maar minder dan in Noord-Amerika (US$2,1 biljoen) en in Zuid-Amerika (US$292,8 miljard). De overheidsuitgaven per hoofd in Centraal-Amerika was in Centraal-Amerika minder dan in Noord-Amerika (US$6,6 duizend), in de Caraïben (US$917,3) en in Zuid-Amerika (US$793,8). De groei van de overheidsuitgaven in Centraal-Amerika was minder dan in de Caraïben (3,9%), in Zuid-Amerika (3,2%) en in Noord-Amerika (2,3%).

Leiders. De overheidsuitgaven van Centraal-Amerika in de jaren 2000 bestond uit: Mexico (87,9%), Costa Rica (2,9%), Guatemala (2,5%), Panama (2,1%), El Salvador (2,0%), en andere (2,6%). Het aandeel van de overheidsuitgaven in BBP van de leiders: El Salvador (14,3%), Costa Rica (14,1%), Panama (12,8%), Mexico (10,5%) en Guatemala (9,8%). De overheidsuitgaven per hoofd in Centraal-Amerika onder de leiders: Mexico ($866,7), Costa Rica ($706,0), Panama ($660,7), El Salvador ($348,2) en Guatemala ($201,6). De groei van de overheidsuitgaven onder de leiders: Guatemala (4,5%), Panama (4,2%), Costa Rica (2,8%), El Salvador (1,6%) en Mexico (1,2%).

de jaren 2010

De overheidsuitgaven van Centraal-Amerika bedroeg in de jaren 2010 US$171,9 miljard per jaar. Het aandeel in de wereld was 1,3%, en 4,4% in Amerika.

Het aandeel van de overheidsuitgaven in het BBP van Centraal-Amerika was 12,2% in de jaren 2010, en was vergelijkbaar met Peru (12,2%), Saint Lucia (12,3%), Syrië (12,1%).

De overheidsuitgaven per hoofd in Centraal-Amerika was $1.024,7 in de jaren 2010s, en was vergelijkbaar met Thailand (US$1.023,5), Libanon (US$1.044,0). De overheidsuitgaven per hoofd in Centraal-Amerika was 42,6% lager dan de overheidsuitgaven per hoofd van de bevolking in de wereld ($1.785,1), en was in 3,9 keer lager dan de overheidsuitgaven per hoofd van de bevolking in Amerika ($1.785,1).

De groei van de overheidsuitgaven in Centraal-Amerika bedroeg 2.1% in de jaren 2010. De groei van de overheidsuitgaven in Centraal-Amerika (2,1%) was minder dan de groei van de overheidsuitgaven in de wereld (2,3%), was groter dan de groei van de overheidsuitgaven in Amerika (0,45%).

Vergelijking met subregio's. De overheidsuitgaven van Centraal-Amerika was 3,1 keer groter dan in de Caraïben (US$55,0 miljard); maar 17,5 keer minder dan in Noord-Amerika (US$3,0 biljoen) en 4,0 keer minder dan in Zuid-Amerika (US$691,8 miljard). De overheidsuitgaven per hoofd in Centraal-Amerika was in Centraal-Amerika8,3 keer minder dan in Noord-Amerika (US$8,5 duizend), 39,3% minder dan in Zuid-Amerika (US$1.687,7) en 22,8% minder dan in de Caraïben (US$1.326,5). De groei van de overheidsuitgaven in Centraal-Amerika was groter dan in Zuid-Amerika (1,5%), in de Caraïben (0,68%) en in Noord-Amerika (0,15%).

Leiders. De overheidsuitgaven van Centraal-Amerika in de jaren 2010 bestond uit: Mexico (82,6%), Costa Rica (5,2%), Guatemala (3,8%), Panama (3,3%), El Salvador (2,2%), en andere (2,9%). Het aandeel van de overheidsuitgaven in BBP van de leiders: Costa Rica (17,2%), El Salvador (16,0%), Mexico (11,9%), Panama (11,2%) en Guatemala (11,0%). De overheidsuitgaven per hoofd in Centraal-Amerika onder de leiders: Costa Rica ($1.856,8), Panama ($1.439,2), Mexico ($1.173,5), El Salvador ($585,6) en Guatemala ($407,1). De groei van de overheidsuitgaven onder de leiders: Panama (5,4%), Guatemala (3,6%), Costa Rica (2,4%), Mexico (1,9%) en El Salvador (1,3%).

Hoofdstuk XIII. Huishoudelijke uitgaven

Consumptieve bestedingen van de huishoudens

De huishoudelijke uitgaven van Centraal-Amerika steeg van US$75,5 miljard per jaar in de jaren 1970 tot US$935,5 miljard per jaar in de jaren 2010, dat wil zeggen met US$860,0 miljard of 12,4 keer. De verandering vond plaats op US$696,4 miljard als gevolg van een 3,9-voudige stijging van de prijzen, en ook op US$78,9 miljard als gevolg van een 1,5-voudige toename van het tarief per hoofd , evenals op US$84,7 miljard als gevolg van de toename van de bevolking. De gemiddelde jaarlijkse groei van de huishoudelijke uitgaven is 3,1%. De minimumwaarde van de huishoudelijke uitgaven bedroeg US$38,4 miljard in 1970. De maximumwaarde van de huishoudelijke uitgaven bedroeg US$1,0 biljoen in 2014.

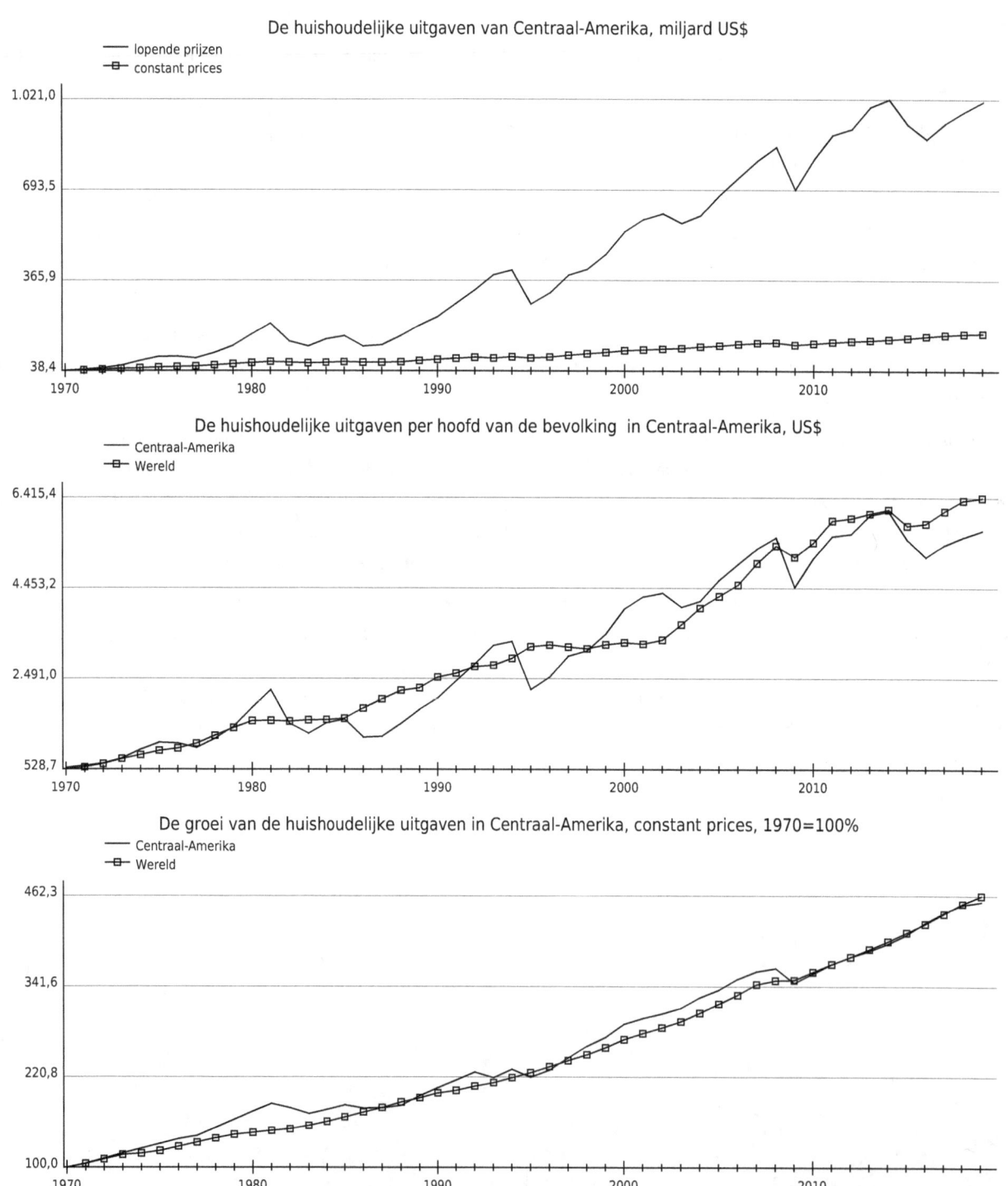

De huishoudelijke uitgaven van Centraal-Amerika, miljard US$

De huishoudelijke uitgaven per hoofd van de bevolking in Centraal-Amerika, US$

De groei van de huishoudelijke uitgaven in Centraal-Amerika, constant prices, 1970=100%

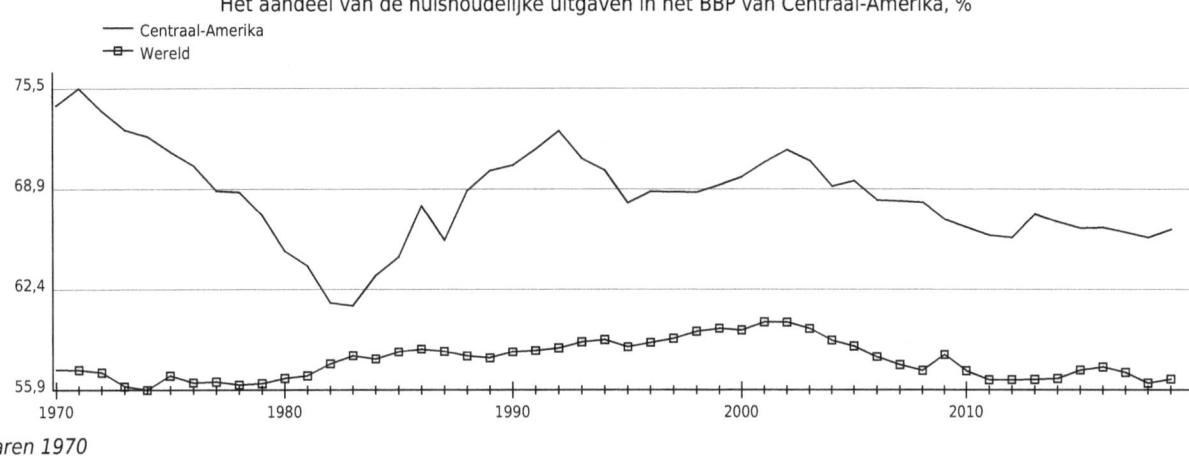

Het aandeel van de huishoudelijke uitgaven in het BBP van Centraal-Amerika, %

de jaren 1970

De huishoudelijke uitgaven van Centraal-Amerika bedroeg in de jaren 1970 US$75,5 miljard per jaar, en was vergelijkbaar met Zuidwest-Azië (US$77,4 miljard). Het aandeel in de wereld was 2,0%, en 5,5% in Amerika.

Het aandeel van de huishoudelijke uitgaven in het BBP van Centraal-Amerika was 70,6% in de jaren 1970, en was vergelijkbaar met Zuid-Azië (70,6%), Guyana (70,6%), Honduras (70,7%).

De huishoudelijke uitgaven per hoofd in Centraal-Amerika was $955,0 in de jaren 1970s, en was vergelijkbaar met Chili (US$933,6). De huishoudelijke uitgaven per hoofd in Centraal-Amerika was 4,4% hoger dan de huishoudelijke uitgaven per hoofd van de bevolking in de wereld ($914,8), en was in 2,6 keer lager dan de huishoudelijke uitgaven per hoofd van de bevolking in Amerika ($914,8).

De groei van de huishoudelijke uitgaven in Centraal-Amerika bedroeg 5.6% in de jaren 1970, en was vergelijkbaar met Colombia (5,7%). De groei van de huishoudelijke uitgaven in Centraal-Amerika (5,6%) was groter dan de groei van de huishoudelijke uitgaven in de wereld (4,1%), was groter dan de groei van de huishoudelijke uitgaven in Amerika (4,1%).

Vergelijking met subregio's. De huishoudelijke uitgaven van Centraal-Amerika was groter dan in de Caraïben (US$21,5 miljard); maar minder dan in Noord-Amerika (US$1,1 biljoen) en in Zuid-Amerika (US$158,1 miljard). De huishoudelijke uitgaven per hoofd in Centraal-Amerika was in Centraal-Amerika groter dan in de Caraïben (US$811,8) en in Zuid-Amerika (US$742,2); maar minder dan in Noord-Amerika (US$4,7 duizend). De groei van de huishoudelijke uitgaven in Centraal-Amerika was groter dan in de Caraïben (4,6%) en in Noord-Amerika (3,7%); maar minder dan in Zuid-Amerika (6,0%).

Leiders. De huishoudelijke uitgaven van Centraal-Amerika in de jaren 1970 bestond uit: Mexico (87,9%), Guatemala (3,4%), Costa Rica (3,0%), Nicaragua (1,9%), Panama (1,8%), en andere (2,1%). Het aandeel van de huishoudelijke uitgaven in BBP van de leiders: Costa Rica (83,9%), Guatemala (75,7%), Mexico (70,2%), Nicaragua (67,3%) en Panama (65,4%). De huishoudelijke uitgaven per hoofd in Centraal-Amerika onder de leiders: Mexico ($1.128,9), Costa Rica ($1.104,8), Panama ($769,2), Nicaragua ($514,7) en Guatemala ($399,3). De groei van de huishoudelijke uitgaven onder de leiders: Mexico (5,9%), Guatemala (5,4%), Costa Rica (5,0%), Panama (4,1%) en Nicaragua (-0,35%).

de jaren 1980

De huishoudelijke uitgaven van Centraal-Amerika bedroeg in de jaren 1980 US$159,6 miljard per jaar, en was vergelijkbaar met Spanje (US$159,2 miljard). Het aandeel in de wereld was 1,8%, en 4,7% in Amerika.

Het aandeel van de huishoudelijke uitgaven in het BBP van Centraal-Amerika was 65,2% in de jaren 1980, en was vergelijkbaar met Namibië (65,4%), Barbados (65,1%), Brazilië (65,5%).

De huishoudelijke uitgaven per hoofd in Centraal-Amerika was $1.577,4 in de jaren 1980s, en was vergelijkbaar met Tsjecho-Slowakije (US$1.604,1), Joegoslavië (US$1.547,8), de Sovjet-Unie (US$1.542,8). De huishoudelijke uitgaven per hoofd in Centraal-Amerika was 12,8% lager dan de huishoudelijke uitgaven per hoofd van de bevolking in de wereld ($1.808,0), en was in 3,2 keer lager dan de huishoudelijke uitgaven per hoofd van de bevolking in Amerika ($1.808,0).

De groei van de huishoudelijke uitgaven in Centraal-Amerika bedroeg 1.8% in de jaren 1980, en was vergelijkbaar met Tsjecho-Slowakije (1,8%), Benin (1,8%). De groei van de huishoudelijke uitgaven in Centraal-Amerika (1,8%) was minder dan de groei van de huishoudelijke uitgaven in de wereld (3,0%), was minder dan de groei van de huishoudelijke uitgaven in Amerika (2,9%).

Vergelijking met subregio's. De huishoudelijke uitgaven van Centraal-Amerika was groter dan in de Caraïben (US$46,7 miljard); maar minder dan in Noord-Amerika (US$2,8 biljoen) en in Zuid-Amerika (US$343,2 miljard). De huishoudelijke uitgaven per hoofd in Centraal-Amerika was in Centraal-Amerika groter dan in de Caraïben (US$1.517,8) en in Zuid-Amerika (US$1.294,7); maar minder dan in Noord-Amerika (US$10,6 duizend). De groei van de huishoudelijke uitgaven in Centraal-Amerika was groter dan in Zuid-Amerika (1,6%); maar minder dan in Noord-Amerika (3,2%) en in de Caraïben (2,6%).

Leiders. De huishoudelijke uitgaven van Centraal-Amerika in de jaren 1980 bestond uit: Mexico (87,2%), Guatemala (3,8%), Costa Rica (2,4%), Panama (2,2%), Honduras (2,0%), en andere (2,4%). Het aandeel van de huishoudelijke uitgaven in BBP van de leiders: Guatemala (80,2%), Costa Rica (74,8%), Honduras (72,3%), Panama (65,8%) en Mexico (64,3%). De huishoudelijke uitgaven per hoofd in Centraal-Amerika onder de leiders: Mexico ($1.852,2), Panama ($1.615,0), Costa Rica ($1.391,2), Guatemala ($748,0) en Honduras ($735,8). De groei van de huishoudelijke uitgaven onder de leiders: Panama (3,3%), Honduras (3,1%), Mexico (1,9%), Guatemala (1,3%) en Costa Rica (1,2%).

de jaren 1990

De huishoudelijke uitgaven van Centraal-Amerika bedroeg in de jaren 1990 US$348,8 miljard per jaar, en was vergelijkbaar met Canada (US$349,9 miljard). Het aandeel in de wereld was 2,1%, en 5,4% in Amerika.

Het aandeel van de huishoudelijke uitgaven in het BBP van Centraal-Amerika was 69,8% in de jaren 1990, en was vergelijkbaar met Kazachstan (69,6%), Mexico (69,3%), Syrië (70,4%).

De huishoudelijke uitgaven per hoofd in Centraal-Amerika was $2.826,8 in de jaren 1990s, en was vergelijkbaar met Chili (US$2,8 duizend), Dominica (US$2,8 duizend), de Seychellen (US$2,8 duizend). De huishoudelijke uitgaven per hoofd in Centraal-Amerika was 4,6% lager dan de huishoudelijke uitgaven per hoofd van de bevolking in de wereld ($2.963,9), en was in 3,0 keer lager dan de huishoudelijke uitgaven per hoofd van de bevolking in Amerika ($2.963,9).

De groei van de huishoudelijke uitgaven in Centraal-Amerika bedroeg 3.4% in de jaren 1990, en was vergelijkbaar met Malawi (3,4%). De groei van de huishoudelijke uitgaven in Centraal-Amerika (3,4%) was groter dan de groei van de huishoudelijke uitgaven in de wereld (3,0%), was groter dan de groei van de huishoudelijke uitgaven in Amerika (3,3%).

Vergelijking met subregio's. De huishoudelijke uitgaven van Centraal-Amerika was groter dan in de Caraïben (US$74,4 miljard); maar minder dan in Noord-Amerika (US$5,3 biljoen) en in Zuid-Amerika (US$797,3 miljard). De huishoudelijke uitgaven per hoofd in Centraal-Amerika was in Centraal-Amerika groter dan in Zuid-Amerika (US$2,5 duizend) en in de Caraïben (US$2,1 duizend); maar minder dan in Noord-Amerika (US$17,9 duizend). De groei van de huishoudelijke uitgaven in Centraal-Amerika was groter dan in Noord-Amerika (3,3%) en in de Caraïben (2,3%); maar minder dan in Zuid-Amerika (3,6%).

Leiders. De huishoudelijke uitgaven van Centraal-Amerika in de jaren 1990 bestond uit: Mexico (89,5%), Guatemala (2,9%), Costa Rica (2,2%), El Salvador (2,0%), Panama (1,5%), en andere (2,0%). Het aandeel van de huishoudelijke uitgaven in BBP van de leiders: El Salvador (85,3%), Guatemala (82,9%), Costa Rica (71,4%), Mexico (69,3%) en Panama (59,9%). De huishoudelijke uitgaven per hoofd in Centraal-Amerika onder de leiders: Mexico ($3.435,3), Costa Rica ($2.170,5), Panama ($1.980,4), El Salvador ($1.241,7) en Guatemala ($973,3). De groei van de huishoudelijke uitgaven onder de leiders: El Salvador (4,9%), Panama (4,3%), Costa Rica (4,2%), Guatemala (4,0%) en Mexico (3,3%).

de jaren 2000

De huishoudelijke uitgaven van Centraal-Amerika bedroeg in de jaren 2000 US$665,9 miljard per jaar, en was vergelijkbaar met Afrika (US$667,1 miljard). Het aandeel in de wereld was 2,4%, en 6,1% in Amerika.

Het aandeel van de huishoudelijke uitgaven in het BBP van Centraal-Amerika was 69,1% in de jaren 2000, en was vergelijkbaar met Barbados (69,0%), Kameroen (68,8%), Madagaskar (68,8%).

De huishoudelijke uitgaven per hoofd in Centraal-Amerika was $4.590,6 in de jaren 2000s, en was vergelijkbaar met Dominica (US$4,5 duizend). De huishoudelijke uitgaven per hoofd in Centraal-Amerika was 9,1% hoger dan de huishoudelijke uitgaven per hoofd van de bevolking in de wereld ($4.208,2), en was in 2,7 keer lager dan de huishoudelijke uitgaven per hoofd van de bevolking in Amerika ($4.208,2).

De groei van de huishoudelijke uitgaven in Centraal-Amerika bedroeg 2.4% in de jaren 2000, en was vergelijkbaar met de Comoren (2,4%), Lesotho (2,4%). De groei van de huishoudelijke uitgaven in Centraal-Amerika (2,4%) was minder dan de groei van de huishoudelijke uitgaven in de wereld (3,0%), was minder dan de groei van de huishoudelijke uitgaven in Amerika (2,7%).

Vergelijking met subregio's. De huishoudelijke uitgaven van Centraal-Amerika was groter dan in de Caraïben (US$131,3 miljard); maar minder dan in Noord-Amerika (US$9,1 biljoen) en in Zuid-Amerika (US$1,1 biljoen). De huishoudelijke uitgaven per hoofd in Centraal-Amerika was in Centraal-Amerika groter dan in de Caraïben (US$3,4 duizend) en in Zuid-Amerika (US$3,1 duizend); maar minder dan in Noord-Amerika (US$27,8 duizend). De groei van de huishoudelijke uitgaven in Centraal-Amerika was minder dan in Zuid-Amerika (3,9%), in de Caraïben (2,7%) en in Noord-Amerika (2,5%).

Leiders. De huishoudelijke uitgaven van Centraal-Amerika in de jaren 2000 bestond uit: Mexico (88,9%), Guatemala (3,4%), Costa Rica (2,2%), El Salvador (1,9%), Panama (1,5%), en andere (2,1%). Het aandeel van de huishoudelijke uitgaven in BBP van de leiders: El Salvador (87,2%), Guatemala (85,2%), Mexico (68,3%), Costa Rica (68,1%) en Panama (59,2%). De huishoudelijke uitgaven per hoofd in Centraal-Amerika onder de leiders: Mexico ($5.613,8), Costa Rica ($3.421,1), Panama ($3.056,8), El Salvador ($2.124,8) en Guatemala ($1.754,2). De groei van de huishoudelijke uitgaven onder de leiders: Panama (4,5%), Costa Rica (3,8%), Guatemala (3,7%), Mexico (2,2%) en El Salvador (2,1%).

de jaren 2010

De huishoudelijke uitgaven van Centraal-Amerika bedroeg in de jaren 2010 US$935,5 miljard per jaar, en was vergelijkbaar met Oceanië (US$944,5 miljard), Australazië (US$915,5 miljard), Rusland (US$914,4 miljard). Het aandeel in de wereld was 2,1%, en 5,5% in Amerika.

Het aandeel van de huishoudelijke uitgaven in het BBP van Centraal-Amerika was 66,3% in de jaren 2010, en was vergelijkbaar met Cyprus (66,3%), Hongkong (66,1%), Sint Maarten (66,5%).

De huishoudelijke uitgaven per hoofd in Centraal-Amerika was $5.577,1 in de jaren 2010s, en was vergelijkbaar met Saint Vincent en de Grenadines (US$5,6 duizend), Maleisië (US$5,6 duizend). De huishoudelijke uitgaven per hoofd in Centraal-Amerika was 7,3% lager dan de huishoudelijke uitgaven per hoofd van de bevolking in de wereld ($6.018,5), en was in 3,1 keer lager dan de huishoudelijke uitgaven per hoofd van de bevolking in Amerika ($6.018,5).

De groei van de huishoudelijke uitgaven in Centraal-Amerika bedroeg 2.8% in de jaren 2010, en was vergelijkbaar met Bulgarije (2,8%), Montserrat (2,8%), Tonga (2,8%). De groei van de huishoudelijke uitgaven in Centraal-Amerika (2,8%) was minder dan de groei van de huishoudelijke uitgaven in de wereld (2,8%), was groter dan de groei van de huishoudelijke uitgaven in Amerika (2,2%).

Vergelijking met subregio's. De huishoudelijke uitgaven van Centraal-Amerika was 4,3 keer groter dan in de Caraïben (US$216,1 miljard); maar 14,1 keer minder dan in Noord-Amerika (US$13,2 biljoen) en 2,8 keer minder dan in Zuid-Amerika (US$2,6 biljoen). De huishoudelijke uitgaven per hoofd in Centraal-Amerika was in Centraal-Amerika6,9% groter dan in de Caraïben (US$5,2 duizend); maar 6,6 keer minder dan in Noord-Amerika (US$37,1 duizend) en 12,9% minder dan in Zuid-Amerika (US$6,4 duizend). De groei van de huishoudelijke uitgaven in Centraal-Amerika was groter dan in Noord-Amerika (2,4%), in de Caraïben (2,4%) en in Zuid-Amerika (1,1%).

Leiders. De huishoudelijke uitgaven van Centraal-Amerika in de jaren 2010 bestond uit: Mexico (83,3%), Guatemala (5,4%), Costa Rica (3,6%), Panama (2,8%), El Salvador (2,1%), en andere (2,8%). Het aandeel van de huishoudelijke uitgaven in BBP van de leiders: El Salvador (85,3%), Guatemala (85,0%), Mexico (65,4%), Costa Rica (64,9%) en Panama (52,5%). De huishoudelijke uitgaven per hoofd in Centraal-Amerika onder de leiders: Costa Rica ($6.990,8), Panama ($6.744,3), Mexico ($6.436,9), Guatemala ($3.156,2) en El Salvador ($3.114,0). De groei van de huishoudelijke uitgaven onder de leiders: Panama (5,0%), Costa Rica (4,0%), Guatemala (3,9%), Mexico (2,5%) en El Salvador (2,2%).

Hoofdstuk XIV. Voedsel consumptie

Tijdens de onderzoeksperiode groeide de voedselconsumptie in noten (in 3,1 keer), eieren (in 2,5 keer), vis (in 2,2 keer), vlees (in 2,1 keer), specerijen (in 2,1 keer), plantaardige oliën (met 78,1%), groenten (met 73,3%), alcoholische dranken (met 67,1%), zetmeelrijke wortels (met 46,2%), suiker (met 25,0%), fruit (met 23,1%), melk (met 18,3%), maar daalde in granen (met 0,21%), peulvruchten (met 12,8%), stimulerende middelen (met 28,4%).

Dit zijn de correlatiecoëfficiënten tussen het bni per hoofd van de bevolking in constante prijzen en de voedselconsumptie: vlees (0.982), eieren (0.98), alcoholische dranken (0.949), zetmeelrijke wortels (0.947), melk (0.913), suiker (0.903), groenten (0.882), specerijen (0.865), noten (0.81), plantaardige oliën (0.79), fruit (0.779), vis (0.77), granen (-0.354), stimulerende middelen (-0.684), peulvruchten (-0.72).

de jaren 1970

De consumptie van kcal in Centraal-Amerika was 2.525,0 kcal/hoofd/dag in the 1970s, and was on a par with Marokko (2.524,9 kcal/hoofd/dag), Albanië (2.533,5 kcal/hoofd/dag), Zuid-Amerika (2.514,6 kcal/hoofd/dag). De consumptie van kcal in Centraal-Amerika was groter dan in de wereld (2.403,2 kcal/hoofd/dag), en was minder dan in Amerika (2.754,7 kcal/hoofd/dag). De structuur van de consumptie: granen (51.8%), suiker (15%), plantaardige oliën (5.7%), vlees (5.7%), melk (5.5%), en anderen (16.3%).

De consumptie van eiwitten in Centraal-Amerika was 65,9 g/hoofd/dag in the 1970s, and was on a par with Namibië (66,1 g/hoofd/dag), de Maldiven (65,6 g/hoofd/dag), Cuba (66,6 g/hoofd/dag). De consumptie van eiwitten in Centraal-Amerika was groter dan in de wereld (65,0 g/hoofd/dag), en was minder dan in Amerika (79,0 g/hoofd/dag). De structuur van de consumptie: granen (50.9%), vlees (13.2%), melk (12.2%), peulvruchten (11.1%), eieren (2.6%), en anderen (10%).

De consumptie van vet in Centraal-Amerika was 57,9 g/hoofd/dag in the 1970s, and was on a par with Saint Vincent en de Grenadines (57,9 g/hoofd/dag), Saint Lucia (57,7 g/hoofd/dag), Sierra Leone (58,4 g/hoofd/dag). De consumptie van vet in Centraal-Amerika was groter dan in de wereld (55,1 g/hoofd/dag), en was minder dan in Amerika (85,8 g/hoofd/dag). De structuur van de consumptie: plantaardige oliën (28.2%), vlees (20.6%), granen (20.5%), melk (12.7%), eieren (2.5%), en anderen (15.5%).

Dit zijn niveaus van voedselconsumptie: granen (151,3 kg/hoofd/jr), melk (88,4 kg/hoofd/jr), fruit (75,8 kg/hoofd/jr), suiker (38,8 kg/hoofd/jr), groenten (31,0 kg/hoofd/jr), alcoholische dranken (27,4 kg/hoofd/jr), vlees (25,3 kg/hoofd/jr), peulvruchten (13,6 kg/hoofd/jr), zetmeelrijke wortels (11,3 kg/hoofd/jr), eieren (6,1 kg/hoofd/jr), plantaardige oliën (5,9 kg/hoofd/jr), vis (4,4 kg/hoofd/jr), stimulerende middelen (2,0 kg/hoofd/jr), specerijen (0,43 kg/hoofd/jr), noten (0,37 kg/hoofd/jr).

de jaren 1980

De consumptie van kcal in Centraal-Amerika was 2.851,1 kcal/hoofd/dag in the 1980s, and was on a par with Japan (2.855,7 kcal/hoofd/dag), Marokko (2.859,4 kcal/hoofd/dag), Zuid-Afrika (2.862,2 kcal/hoofd/dag). De consumptie van kcal in Centraal-Amerika was groter dan in de wereld (2.572,3 kcal/hoofd/dag), en was minder dan in Amerika (2.917,7 kcal/hoofd/dag). De structuur van de consumptie: granen (48.6%), suiker (14.9%), plantaardige oliën (7.9%), vlees (6.4%), peulvruchten (5.1%), en anderen (17.1%).

De consumptie van eiwitten in Centraal-Amerika was 75,1 g/hoofd/dag in the 1980s, and was on a par with Mongolië (75,2 g/hoofd/dag). De consumptie van eiwitten in Centraal-Amerika was groter dan in de wereld (69,1 g/hoofd/dag), en was minder dan in Amerika (81,7 g/hoofd/dag). De structuur van de consumptie: granen (47.3%), vlees (15%), peulvruchten (11.5%), melk (11.3%), eieren (3.2%), en anderen (11.7%).

De consumptie van vet in Centraal-Amerika was 73,5 g/hoofd/dag in the 1980s, and was on a par with Grenada (73,6 g/hoofd/dag). De consumptie van vet in Centraal-Amerika was groter dan in de wereld (63,2 g/hoofd/dag), en was minder dan in Amerika (96,3 g/hoofd/dag). De structuur van de consumptie: plantaardige oliën (34.8%), vlees (20.2%), granen (16.7%), melk (9.7%), eieren (2.8%), en anderen (15.8%).

Dit zijn niveaus van voedselconsumptie: granen (162,7 kg/hoofd/jr), melk (93,6 kg/hoofd/jr), fruit (88,1 kg/hoofd/jr), suiker (43,6 kg/hoofd/jr), groenten (40,0 kg/hoofd/jr), vlees (33,0 kg/hoofd/jr), alcoholische dranken (32,5 kg/hoofd/jr), peulvruchten (15,4 kg/hoofd/jr), zetmeelrijke wortels (11,5 kg/hoofd/jr), plantaardige oliën (9,3 kg/hoofd/jr), eieren (8,6 kg/hoofd/jr), vis (8,5 kg/hoofd/jr), stimulerende middelen (2,1 kg/hoofd/jr), specerijen (0,53 kg/hoofd/jr), noten (0,41 kg/hoofd/jr).

de jaren 1990

De consumptie van kcal in Centraal-Amerika was 2.813,0 kcal/hoofd/dag in the 1990s, and was on a par with Frans-Polynesië (2.811,6 kcal/hoofd/dag), Brazilië (2.808,3 kcal/hoofd/dag), Zuid-Afrika (2.820,9 kcal/hoofd/dag). De consumptie van kcal in Centraal-Amerika was groter dan in de wereld (2.652,6 kcal/hoofd/dag), en was minder dan in Amerika (3.035,8 kcal/hoofd/dag). De structuur van de consumptie: granen (47.1%), suiker (15.9%), plantaardige oliën (8.4%), vlees (6.3%), melk (4.8%), en anderen (17.5%).

De consumptie van eiwitten in Centraal-Amerika was 74,7 g/hoofd/dag in the 1990s, and was on a par with Paraguay (74,9 g/hoofd/dag), Oezbekistan (75,0 g/hoofd/dag), Chili (75,0 g/hoofd/dag). De consumptie van eiwitten in Centraal-Amerika was groter dan in de wereld (72,1 g/hoofd/dag), en was minder dan in Amerika (86,2 g/hoofd/dag). De structuur van de consumptie: granen (45.6%), vlees (17.2%), melk (10.8%), peulvruchten (9.7%), eieren (3.8%), en anderen (12.9%).

De consumptie van vet in Centraal-Amerika was 73,9 g/hoofd/dag in the 1990s, and was on a par with Litouwen (74,0 g/hoofd/dag), Chili (74,2 g/hoofd/dag), Albanië (73,4 g/hoofd/dag). De consumptie van vet in Centraal-Amerika was groter dan in de wereld (69,0 g/hoofd/dag), en was minder dan in Amerika (100,9 g/hoofd/dag). De structuur van de consumptie: plantaardige oliën (35.9%), vlees (18.2%), granen (15.9%), melk (9.6%), eieren (3.3%), en anderen (17.1%).

Dit zijn niveaus van voedselconsumptie: granen (158,8 kg/hoofd/jr), fruit (90,0 kg/hoofd/jr), melk (89,5 kg/hoofd/jr), groenten (46,6 kg/hoofd/jr), suiker (46,1 kg/hoofd/jr), alcoholische dranken (39,4 kg/hoofd/jr), vlees (37,5 kg/hoofd/jr), peulvruchten (12,8 kg/hoofd/jr), zetmeelrijke wortels (12,8 kg/hoofd/jr), eieren (10,4 kg/hoofd/jr), plantaardige oliën (9,7 kg/hoofd/jr), vis (8,7 kg/hoofd/jr), stimulerende middelen (2,2 kg/hoofd/jr), specerijen (0,83 kg/hoofd/jr), noten (0,74 kg/hoofd/jr).

de jaren 2000

De consumptie van kcal in Centraal-Amerika was 2.922,0 kcal/hoofd/dag in the 2000s, and was on a par with Kroatië (2.921,9 kcal/hoofd/dag), Zuid-Afrika (2.922,9 kcal/hoofd/dag), Brunei (2.923,3 kcal/hoofd/dag). De consumptie van kcal in Centraal-Amerika was groter dan in de wereld (2.765,9 kcal/hoofd/dag), en was minder dan in Amerika (3.186,4 kcal/hoofd/dag). De structuur van de consumptie: granen (44.3%), suiker (15.8%), vlees (8%), plantaardige oliën (7.9%), melk (5.4%), en anderen (18.6%).

De consumptie van eiwitten in Centraal-Amerika was 81,5 g/hoofd/dag in the 2000s, and was on a par with Nieuw-Caledonië (81,6 g/hoofd/dag), Cyprus (81,3 g/hoofd/dag), Algerije (82,0 g/hoofd/dag). De consumptie van eiwitten in Centraal-Amerika was groter dan in de wereld (76,5 g/hoofd/dag), en was minder dan in Amerika (91,2 g/hoofd/dag). De structuur van de consumptie: granen (40.8%), vlees (20.7%), melk (11.5%), peulvruchten (8.3%), eieren (4.8%), en anderen (13.9%).

De consumptie van vet in Centraal-Amerika was 81,5 g/hoofd/dag in the 2000s, and was on a par with China (81,5 g/hoofd/dag), Dominica (81,3 g/hoofd/dag), Saint Kitts en Nevis (82,3 g/hoofd/dag). De consumptie van vet in Centraal-Amerika was groter dan in de wereld (76,9 g/hoofd/dag), en was minder dan in Amerika (113,5 g/hoofd/dag). De structuur van de consumptie: plantaardige oliën (32.2%), vlees (22.1%), granen (14.1%), melk (10.5%), eieren (4.2%), en anderen (16.9%).

Dit zijn niveaus van voedselconsumptie: granen (154,9 kg/hoofd/jr), melk (103,3 kg/hoofd/jr), fruit (100,6 kg/hoofd/jr), groenten (59,0 kg/hoofd/jr), vlees (50,8 kg/hoofd/jr), suiker (47,8 kg/hoofd/jr), alcoholische dranken (43,9 kg/hoofd/jr), zetmeelrijke wortels (16,5 kg/hoofd/jr), eieren (14,3 kg/hoofd/jr), peulvruchten (12,0 kg/hoofd/jr), plantaardige oliën (9,6 kg/hoofd/jr), vis (9,3 kg/hoofd/jr), stimulerende middelen (2,1 kg/hoofd/jr), noten (1,6 kg/hoofd/jr), specerijen (0,92 kg/hoofd/jr).

de jaren 2010

De consumptie van kcal in Centraal-Amerika was 2.920,0 kcal/hoofd/dag in the 2010s, and was on a par with Zuidelijk Afrika (2.919,8 kcal/hoofd/dag), Barbados (2.912,5 kcal/hoofd/dag), Fiji (2.927,8 kcal/hoofd/dag). De consumptie van kcal in Centraal-Amerika was groter dan in de wereld (2.869,3 kcal/hoofd/dag), en was minder dan in Amerika (3.219,3 kcal/hoofd/dag). De structuur van de consumptie: granen (43.4%), suiker (15.7%), plantaardige oliën (8.8%), vlees (8.7%), melk (5.4%), en anderen (18%).

De consumptie van eiwitten in Centraal-Amerika was 81,7 g/hoofd/dag in the 2010s, and was on a par with Mauritanië (81,7 g/hoofd/dag), Bulgarije (81,5 g/hoofd/dag), Zuidelijk Afrika (81,4 g/hoofd/dag). De consumptie van eiwitten in Centraal-Amerika was groter dan in de wereld (80,6 g/hoofd/dag), en was minder dan in Amerika (92,7 g/hoofd/dag). De structuur van de consumptie: granen (39.8%), vlees (21.5%), melk (11.6%), peulvruchten (8.4%), eieren (5.2%), en anderen (13.5%).

De consumptie van vet in Centraal-Amerika was 85,0 g/hoofd/dag in the 2010s, and was on a par with Moldavië (85,0 g/hoofd/dag), Venezuela (85,1 g/hoofd/dag), Centraal-Azië (84,7 g/hoofd/dag). De consumptie van vet in Centraal-Amerika was groter dan in de wereld (82,4 g/hoofd/dag), en was minder dan in Amerika (118,2 g/hoofd/dag). De structuur van de consumptie: plantaardige oliën

(34.1%), vlees (23.2%), granen (13.3%), melk (9.9%), eieren (4.3%), en anderen (15.2%).

Dit zijn niveaus van voedselconsumptie: granen (151,0 kg/hoofd/jr), melk (104,5 kg/hoofd/jr), fruit (93,4 kg/hoofd/jr), vlees (54,1 kg/hoofd/jr), groenten (53,7 kg/hoofd/jr), suiker (48,5 kg/hoofd/jr), alcoholische dranken (45,8 kg/hoofd/jr), zetmeelrijke wortels (16,6 kg/hoofd/jr), eieren (15,3 kg/hoofd/jr), peulvruchten (12,0 kg/hoofd/jr), plantaardige oliën (10,6 kg/hoofd/jr), vis (9,5 kg/hoofd/jr), stimulerende middelen (1,6 kg/hoofd/jr), noten (1,2 kg/hoofd/jr), specerijen (0,89 kg/hoofd/jr).

Part V. Reproductie

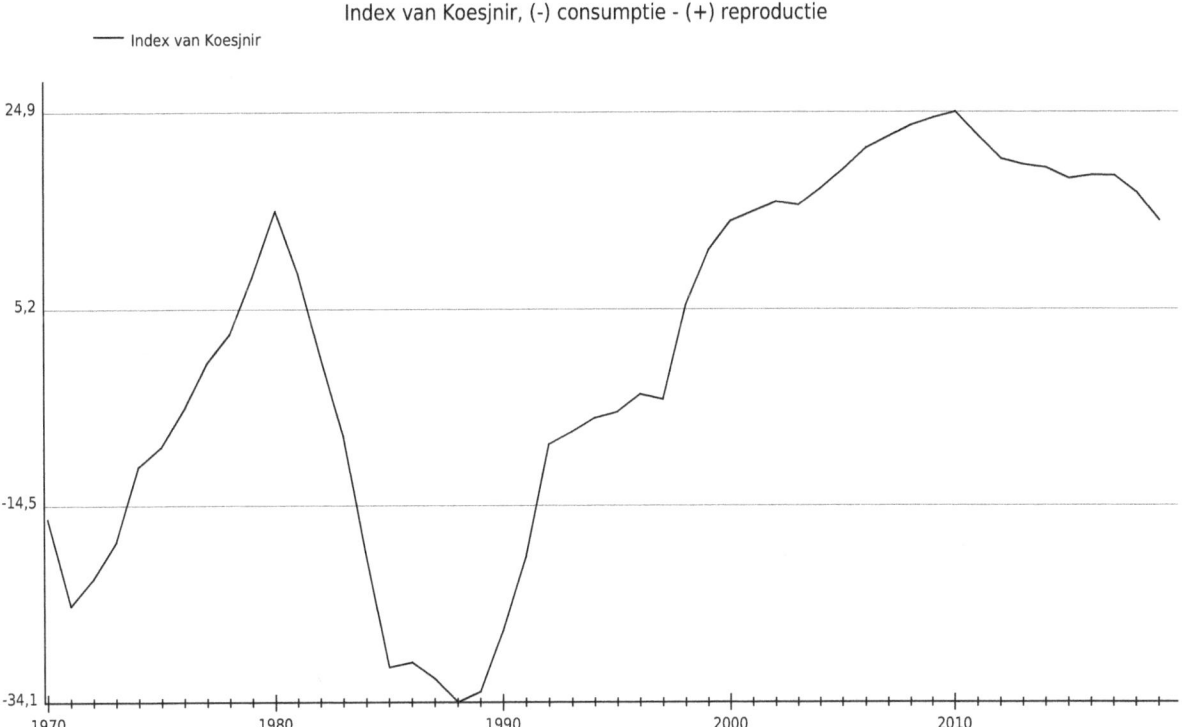

Index van Koesjnir, (-) consumptie - (+) reproductie

Hoofdstuk XV. Bruto-investeringen in vaste activa

De bruto-investeringen in vaste activa van Centraal-Amerika steeg van US$22,7 miljard per jaar in de jaren 1970 tot US$310,3 miljard per jaar in de jaren 2010, dat wil zeggen met US$287,6 miljard of 13,7 keer. De verandering vond plaats op US$229,7 miljard als gevolg van een 3,9-voudige stijging van de prijzen, en ook op US$32,4 miljard als gevolg van een 1,7-voudige toename van het tarief per hoofd , evenals op US$25,4 miljard als gevolg van de toename van de bevolking. De gemiddelde jaarlijkse groei van de investeringen in vaste activa is 3,3%. De minimumwaarde van de investeringen in vaste activa bedroeg US$10,4 miljard in 1970. De maximumwaarde van de investeringen in vaste activa bedroeg US$328,9 miljard in 2018.

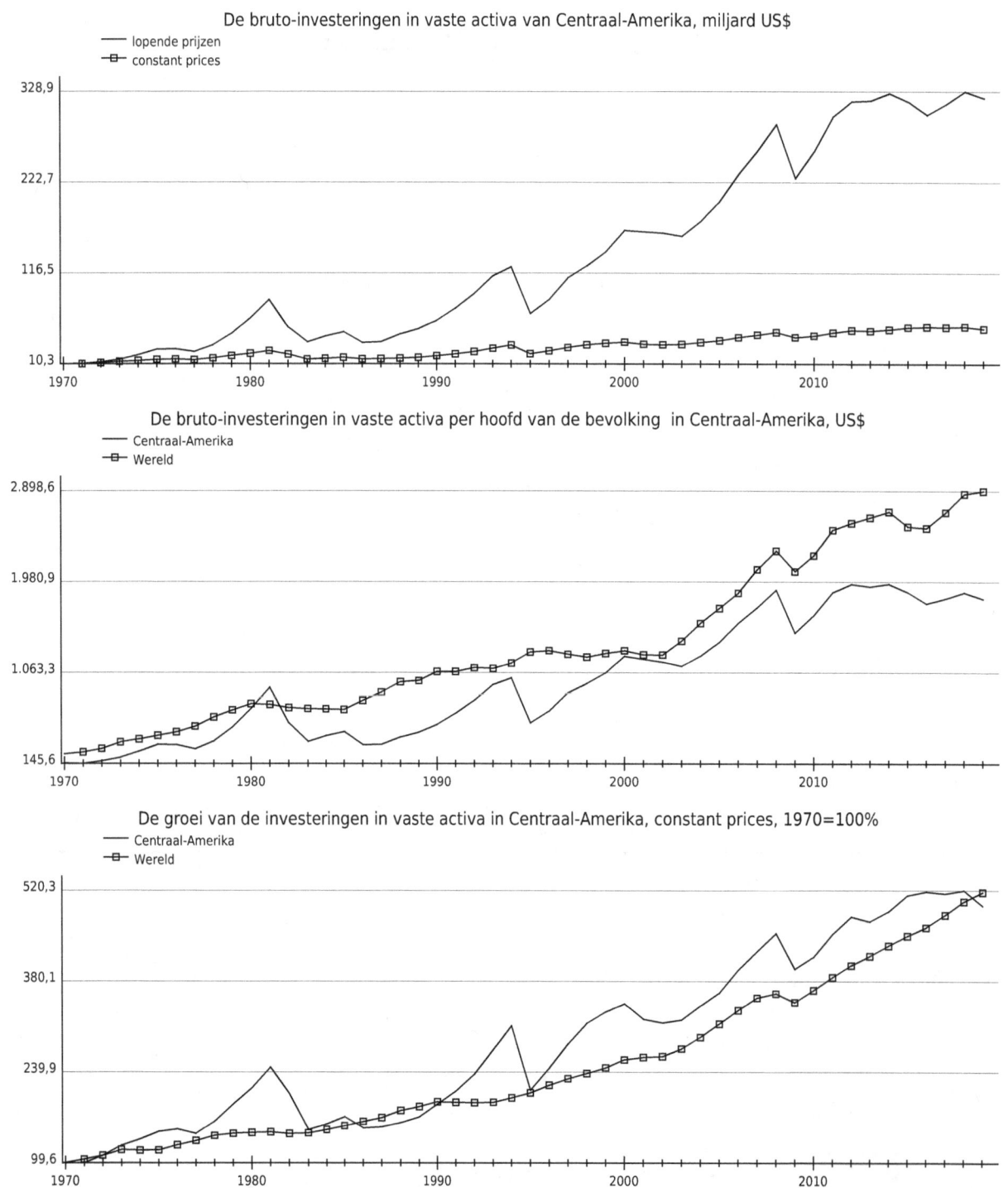

De bruto-investeringen in vaste activa van Centraal-Amerika, miljard US$

De bruto-investeringen in vaste activa per hoofd van de bevolking in Centraal-Amerika, US$

De groei van de investeringen in vaste activa in Centraal-Amerika, constant prices, 1970=100%

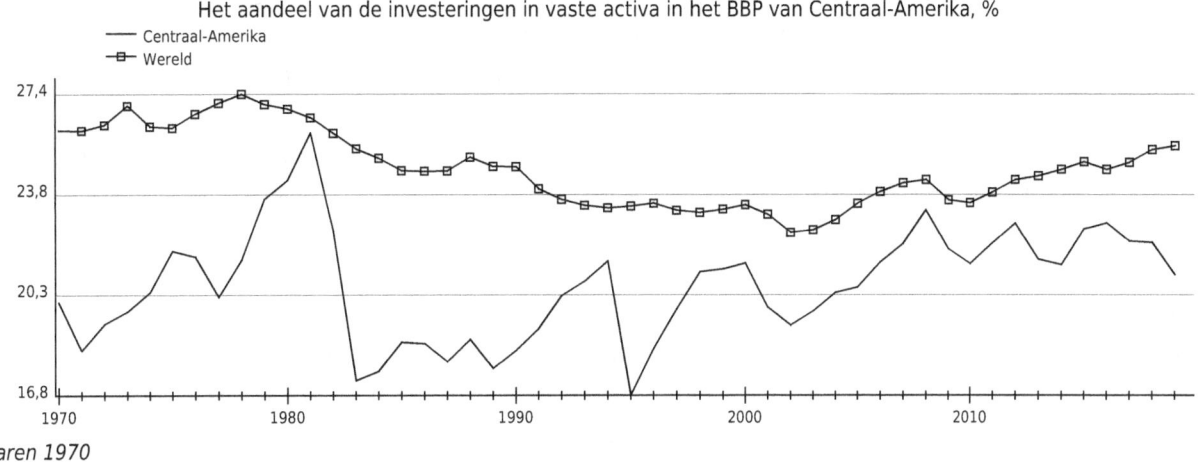

Het aandeel van de investeringen in vaste activa in het BBP van Centraal-Amerika, %

— Centraal-Amerika
-☐- Wereld

de jaren 1970

De investeringen in vaste activa van Centraal-Amerika bedroeg in de jaren 1970 US$22,7 miljard per jaar, en was vergelijkbaar met Brazilië (US$22,6 miljard), de Nederland (US$23,1 miljard). Het aandeel in de wereld was 1,3%, en 4,4% in Amerika.

Het aandeel van de investeringen in vaste activa in het BBP van Centraal-Amerika was 21,2% in de jaren 1970, en was vergelijkbaar met Melanesië (21,3%), Panama (21,4%), Mexico (21,4%).

De bruto-investeringen in vaste activa per hoofd in Centraal-Amerika was $286,9 in de jaren 1970s, en was vergelijkbaar met Malta (US$286,3), Zuid-Amerika (US$284,7), Afrika (US$289,8). De bruto-investeringen in vaste activa per hoofd in Centraal-Amerika was 33,8% lager dan de investeringen in vaste activa per hoofd van de bevolking in de wereld ($433,5), en was in 3,2 keer lager dan de investeringen in vaste activa per hoofd van de bevolking in Amerika ($433,5).

De groei van de investeringen in vaste activa in Centraal-Amerika bedroeg 7.4% in de jaren 1970, en was vergelijkbaar met Ecuador (7,4%), Antigua en Barbuda (7,4%). De groei van de investeringen in vaste activa in Centraal-Amerika (7,4%) was groter dan de groei van de investeringen in vaste activa in de wereld (4,2%), was groter dan de groei van de investeringen in vaste activa in Amerika (5,3%).

Vergelijking met subregio's. De investeringen in vaste activa van Centraal-Amerika was groter dan in de Caraïben (US$7,4 miljard); maar minder dan in Noord-Amerika (US$420,6 miljard) en in Zuid-Amerika (US$60,7 miljard). De bruto-investeringen in vaste activa per hoofd in Centraal-Amerika was in Centraal-Amerika groter dan in Zuid-Amerika (US$284,7) en in de Caraïben (US$278,0); maar minder dan in Noord-Amerika (US$1.744,0). De groei van de investeringen in vaste activa in Centraal-Amerika was groter dan in Noord-Amerika (4,5%) en in de Caraïben (2,2%); maar minder dan in Zuid-Amerika (8,3%).

Leiders. De investeringen in vaste activa van Centraal-Amerika in de jaren 1970 bestond uit: Mexico (89,2%), Guatemala (3,2%), Costa Rica (2,4%), Panama (1,9%), Honduras (1,4%), en andere (1,9%). Het aandeel van de investeringen in vaste activa in BBP van de leiders: Guatemala (21,7%), Mexico (21,4%), Panama (21,4%), Honduras (20,6%) en Costa Rica (20,1%). De investeringen in vaste activa per hoofd in Centraal-Amerika onder de leiders: Mexico ($344,3), Costa Rica ($264,7), Panama ($251,3), Guatemala ($114,5) en Honduras ($98,6). De groei van de investeringen in vaste activa onder de leiders: Costa Rica (10,6%), Guatemala (7,8%), Mexico (7,6%), Honduras (7,2%) en Panama (1,5%).

de jaren 1980

De investeringen in vaste activa van Centraal-Amerika bedroeg in de jaren 1980 US$49,5 miljard per jaar, en was vergelijkbaar met Brazilië (US$49,7 miljard). Het aandeel in de wereld was 1,3%, en 4,0% in Amerika.

Het aandeel van de investeringen in vaste activa in het BBP van Centraal-Amerika was 20,2% in de jaren 1980, en was vergelijkbaar met Saint Lucia (20,2%), de Maldiven (20,3%), de Bahama's (20,3%).

De investeringen in vaste activa per hoofd in Centraal-Amerika was $489,4 in de jaren 1980s, en was vergelijkbaar met Bulgarije (US$490,9), Paraguay (US$500,3). De bruto-investeringen in vaste activa per hoofd in Centraal-Amerika was 38,1% lager dan de investeringen in vaste activa per hoofd van de bevolking in de wereld ($790,9), en was in 3,8 keer lager dan de investeringen in vaste activa per hoofd van de bevolking in Amerika ($790,9).

De groei van de investeringen in vaste activa in Centraal-Amerika bedroeg -1.1% in de jaren 1980. De groei van de investeringen in vaste activa in Centraal-Amerika (-1,1%) was minder dan de groei van de investeringen in vaste activa in de wereld (2,5%), was minder dan de groei van de investeringen in vaste activa in Amerika (1,9%).

Vergelijking met subregio's. De bruto-investeringen in vaste activa van Centraal-Amerika was groter dan in de Caraïben (US$14,5 miljard); maar minder dan in Noord-Amerika (US$1,0 biljoen) en in Zuid-Amerika (US$115,8 miljard). De investeringen in vaste activa per hoofd in Centraal-Amerika was in Centraal-Amerika groter dan in de Caraïben (US$472,1) en in Zuid-Amerika (US$436,8); maar minder dan in Noord-Amerika (US$3,9 duizend). De groei van de investeringen in vaste activa in Centraal-Amerika was groter dan in Zuid-Amerika (-2,6%); maar minder dan in de Caraïben (3,5%) en in Noord-Amerika (3,1%).

Leiders. De bruto-investeringen in vaste activa van Centraal-Amerika in de jaren 1980 bestond uit: Mexico (91,0%), Guatemala (2,5%), Costa Rica (1,8%), Panama (1,6%), Honduras (1,5%), en andere (1,7%). Het aandeel van de investeringen in vaste activa in BBP van de leiders: Mexico (20,8%), Costa Rica (17,6%), Honduras (16,9%), Guatemala (16,0%) en Panama (14,4%). De investeringen in vaste activa per hoofd in Centraal-Amerika onder de leiders: Mexico ($600,0), Panama ($354,5), Costa Rica ($327,0), Honduras ($171,8) en Guatemala ($149,3). De groei van de investeringen in vaste activa onder de leiders: Honduras (0,13%), Costa Rica (-0,30%), Mexico (-1,0%), Guatemala (-2,6%) en Panama (-9,5%).

de jaren 1990

De investeringen in vaste activa van Centraal-Amerika bedroeg in de jaren 1990 US$99,7 miljard per jaar, en was vergelijkbaar met Rusland (US$98,2 miljard). Het aandeel in de wereld was 1,5%, en 4,8% in Amerika.

Het aandeel van de investeringen in vaste activa in het BBP van Centraal-Amerika was 20,0% in de jaren 1990, en was vergelijkbaar met Denemarken (20,0%), Albanië (19,9%), Costa Rica (19,9%).

De bruto-investeringen in vaste activa per hoofd in Centraal-Amerika was $807,8 in de jaren 1990s, en was vergelijkbaar met Tuvalu (US$807,3), Thailand (US$809,6), Dominica (US$809,7). De investeringen in vaste activa per hoofd in Centraal-Amerika was 31,8% lager dan de investeringen in vaste activa per hoofd van de bevolking in de wereld ($1.183,8), en was in 3,3 keer lager dan de investeringen in vaste activa per hoofd van de bevolking in Amerika ($1.183,8).

De groei van de investeringen in vaste activa in Centraal-Amerika bedroeg 6.9% in de jaren 1990, en was vergelijkbaar met Anguilla (7,0%). De groei van de investeringen in vaste activa in Centraal-Amerika (6,9%) was groter dan de groei van de investeringen in vaste activa in de wereld (2,8%), was groter dan de groei van de investeringen in vaste activa in Amerika (4,4%).

Vergelijking met subregio's. De investeringen in vaste activa van Centraal-Amerika was groter dan in de Caraïben (US$20,8 miljard); maar minder dan in Noord-Amerika (US$1,7 biljoen) en in Zuid-Amerika (US$230,6 miljard). De bruto-investeringen in vaste activa per hoofd in Centraal-Amerika was in Centraal-Amerika groter dan in Zuid-Amerika (US$722,0) en in de Caraïben (US$593,3); maar minder dan in Noord-Amerika (US$5,9 duizend). De groei van de investeringen in vaste activa in Centraal-Amerika was groter dan in Noord-Amerika (4,5%), in de Caraïben (2,9%) en in Zuid-Amerika (2,9%).

Leiders. De bruto-investeringen in vaste activa van Centraal-Amerika in de jaren 1990 bestond uit: Mexico (90,4%), Guatemala (2,3%), Costa Rica (2,1%), Panama (1,6%), El Salvador (1,4%), en andere (2,1%). Het aandeel van de investeringen in vaste activa in BBP van de leiders: Mexico (20,0%), Costa Rica (19,9%), Guatemala (19,0%), Panama (18,2%) en El Salvador (17,0%). De bruto-investeringen in vaste activa per hoofd in Centraal-Amerika onder de leiders: Mexico ($992,4), Costa Rica ($605,0), Panama ($600,5), El Salvador ($247,7) en Guatemala ($222,9). De groei van de investeringen in vaste activa onder de leiders: Panama (23,5%), Costa Rica (8,4%), Guatemala (7,4%), Mexico (6,6%) en El Salvador (5,7%).

de jaren 2000

De bruto-investeringen in vaste activa van Centraal-Amerika bedroeg in de jaren 2000 US$203,9 miljard per jaar. Het aandeel in de wereld was 1,9%, en 5,7% in Amerika.

Het aandeel van de investeringen in vaste activa in het BBP van Centraal-Amerika was 21,2% in de jaren 2000, en was vergelijkbaar met Saoedi-Arabië (21,2%), Italië (21,2%), Mexico (21,2%).

De investeringen in vaste activa per hoofd in Centraal-Amerika was $1.405,9 in de jaren 2000s, en was vergelijkbaar met Roemenië (US$1.392,3). De investeringen in vaste activa per hoofd in Centraal-Amerika was 16,8% lager dan de investeringen in vaste activa per hoofd van de bevolking in de wereld ($1.690,7), en was in 2,9 keer lager dan de investeringen in vaste activa per hoofd van de bevolking in Amerika ($1.690,7).

De groei van de investeringen in vaste activa in Centraal-Amerika bedroeg 1.8% in de jaren 2000, en was vergelijkbaar met de Bahama's (1,8%), Bolivia (1,8%). De groei van de investeringen in vaste activa in Centraal-Amerika (1,8%) was minder dan de groei van de investeringen in vaste activa in de wereld (3,5%), was groter dan de groei van de investeringen in vaste activa in Amerika (1,3%).

Vergelijking met subregio's. De investeringen in vaste activa van Centraal-Amerika was groter dan in de Caraïben (US$38,2 miljard); maar minder dan in Noord-Amerika (US$3,0 biljoen) en in Zuid-Amerika (US$344,0 miljard). De investeringen in vaste activa per hoofd in Centraal-Amerika was in Centraal-Amerika groter dan in de Caraïben (US$988,7) en in Zuid-Amerika (US$932,4); maar minder dan in Noord-Amerika (US$9,2 duizend). De groei van de investeringen in vaste activa in Centraal-Amerika was groter dan in de Caraïben (1,2%) en in Noord-Amerika (0,66%); maar minder dan in Zuid-Amerika (4,7%).

Leiders. De investeringen in vaste activa van Centraal-Amerika in de jaren 2000 bestond uit: Mexico (90,0%), Guatemala (2,5%), Costa Rica (2,2%), Panama (1,9%), Honduras (1,3%), en andere (2,1%). Het aandeel van de investeringen in vaste activa in BBP van de leiders: Honduras (26,6%), Panama (22,3%), Mexico (21,2%), Costa Rica (21,0%) en Guatemala (19,4%). De investeringen in vaste activa per hoofd in Centraal-Amerika onder de leiders: Mexico ($1.740,4), Panama ($1.149,1), Costa Rica ($1.056,7), Guatemala ($399,4) en Honduras ($365,5). De groei van de investeringen in vaste activa onder de leiders: Panama (6,2%), Costa Rica (3,5%), Mexico (1,8%), Honduras (0,38%) en Guatemala (0,067%).

de jaren 2010

De bruto-investeringen in vaste activa van Centraal-Amerika bedroeg in de jaren 2010 US$310,3 miljard per jaar. Het aandeel in de wereld was 1,6%, en 6,0% in Amerika.

Het aandeel van de investeringen in vaste activa in het BBP van Centraal-Amerika was 22,0% in de jaren 2010, en was vergelijkbaar met de Marshalleilanden (22,0%), Mexico (21,9%), Hongarije (22,1%).

De bruto-investeringen in vaste activa per hoofd in Centraal-Amerika was $1.849,9 in de jaren 2010s, en was vergelijkbaar met Grenada (US$1.830,2). De investeringen in vaste activa per hoofd in Centraal-Amerika was 29,4% lager dan de investeringen in vaste activa per hoofd van de bevolking in de wereld ($2.621,1), en was in 2,9 keer lager dan de investeringen in vaste activa per hoofd van de bevolking in Amerika ($2.621,1).

De groei van de investeringen in vaste activa in Centraal-Amerika bedroeg 2.2% in de jaren 2010, en was vergelijkbaar met Tsjechië (2,2%). De groei van de investeringen in vaste activa in Centraal-Amerika (2,2%) was minder dan de groei van de investeringen in vaste activa in de wereld (4,1%), was minder dan de groei van de investeringen in vaste activa in Amerika (2,9%).

Vergelijking met subregio's. De investeringen in vaste activa van Centraal-Amerika was 5,9 keer groter dan in de Caraïben (US$52,7 miljard); maar 12,9 keer minder dan in Noord-Amerika (US$4,0 biljoen) en 2,5 keer minder dan in Zuid-Amerika (US$785,4 miljard). De investeringen in vaste activa per hoofd in Centraal-Amerika was in Centraal-Amerika45,5% groter dan in de Caraïben (US$1.271,2); maar 6,1 keer minder dan in Noord-Amerika (US$11,3 duizend) en 3,4% minder dan in Zuid-Amerika (US$1.915,9). De groei van de investeringen in vaste activa in Centraal-Amerika was groter dan in Zuid-Amerika (-1,1%); maar minder dan in de Caraïben (4,3%) en in Noord-Amerika (3,7%).

Leiders. De bruto-investeringen in vaste activa van Centraal-Amerika in de jaren 2010 bestond uit: Mexico (84,2%), Panama (6,1%), Costa Rica (3,1%), Guatemala (2,8%), Honduras (1,5%), en andere (2,3%). Het aandeel van de investeringen in vaste activa in BBP van de leiders: Panama (37,6%), Honduras (23,2%), Mexico (21,9%), Costa Rica (18,5%) en Guatemala (14,6%). De bruto-investeringen in vaste activa per hoofd in Centraal-Amerika onder de leiders: Panama ($4.826,3), Mexico ($2.158,2), Costa Rica ($1.994,2), Guatemala ($541,7) en Honduras ($527,2). De groei van de investeringen in vaste activa onder de leiders: Panama (9,6%), Honduras (3,4%), Guatemala (2,7%), Costa Rica (2,1%) en Mexico (1,7%).

www.ingramcontent.com/pod-product-compliance
Lightning Source LLC
Chambersburg PA
CBHW080857220526
45467CB00008B/2537